ビジネスマンのための「行動観察」入門

松波晴人

講談社現代新書

2125

はじめに

イノベーションを起こすために、顧客の潜在ニーズをどうすれば発見できるだろう？

売り上げを上げるために、店舗運営はどうすればよいだろう？

サービスのノウハウをどう抽出して、どう共有すればいいのだろう？

現場の生産性をどうすれば上げられるだろう？


これらは、いまの多くの企業に共通する大きな課題だろう。どの企業でもこれらの課題の答えを見つけるために、日々試行錯誤を続け、悪戦苦闘をしているはずだ。

そしていま、これらの答えを導き出すための方法として、本書でこれから紹介する「行動観察」という手法が大きな注目を集めている。

行動観察というと、幼児教育や生物の分野のことではないかと思われる人もいるかもしれない。しかし本書における行動観察は、観察者が様々なフィールドに入って対象となる人間の行動をつぶさに観察した上で分析し、問題解決法を提案する手法である。

すでに欧米の企業や大学では、家庭内で様々な機器をどのように家族が利用しているかを観察して商品デザインに生かしたり、ビジネスの現場に入ってその職場での人間の行動を観察して生産性向上に生かすという事例が増えている。さらに人間工学や心理学、エスノグラフィー（第1章で詳述）を専門とする、「行動観察のスペシャリスト」を雇う企業が増えている。

では、なぜ行動観察という手法が注目されているのか？　その理由は「経験を科学すること」が重要になっているからだ。

他社と差別化をするためには、付加価値の高い製品やサービスを開発しなければならない。そのためには、まずは「顧客は何を望んでいるのか？」を知る必要がある。各企業はそのためにアンケートやインタビューといった方法で顧客のニーズを拾い上げてきた。

しかしいま、こうした従来の方法だけでは画期的な製品やサービスを提供するのに限界が見えてきた。それはアンケートやインタビューでわかるニーズは、顧客が自分で言語化した「顕在ニーズ」だけだからだ。そこで、実際に顧客の行動（経験）を観察して、まだ顧客自身も言語化できていない「潜在ニーズ」にいち早く気付き、顧客に価値のある「経験」を提供することが重要となってくるのである。

また、ビジネスでの生産性向上のため、これまで勘と経験の側面が強かった様々な現場をどう科学的に分析するか、そして属人的だった達人のノウハウをいかに共有するか、が重要となっている。ここでも「経験」という、データに残りにくい情報をどのように取り扱うかが非常に重要である。

すなわち、これまでは科学の対象となってこなかった「経験」をどう科学するかが非常に重要になっている。「経験」は計測してデータにすることが困難なので、観察者がフィールドに入って人間の行動を観察することが必要となってくるのである。

私は、もともと日本で人間工学などを学んだ後、アメリカに行って行動観察を学び、この手法に魅せられた。そして、帰国と同時に様々なフィールドにおいて人の行動を観察し、そこで得られた知見を顧客に提案するビジネスを始めた。最初は行動観察そのものの理解がなかなか得られなかったが、実際に成果が目に見えてあがってくると、徐々にその効用を認める人も増え、二〇〇九年には社内に行動観察研究所を立ち上げるに至った。

行動観察研究所では、製品やサービスが顧客にもたらす「経験」、働くことによって得られる「経験」、これらすべてが「サービス」であると考えている。そして、生活者の経験、働く人々の経験をつぶさに観察し、構造的な解釈を試み、これまで科学の対象となってこなかった「経験」を科学することによって様々なイノベーションを起こし、付加価値の提案と生産性の向上をもたらしたいと考えている。

本書では、「行動観察」とはどのような手法であるのか、いままで私たちが行ってきた二五〇を超える事例から、どのような成果が導き出されていったのかを、そのノウハウとともに、ご紹介しよう。

私が魅せられた行動観察という手法には、本書を手に取ってくれたあなたのビジネスにも役立つヒントが必ず含まれていると思う。

それでは、行動観察の世界へ、ようこそ!

目次

第1章　行動観察とは何か?

二つのポイント

ターキーとアメリカンチーズをオニオンブレッドで挟んだお気に入りのサンドイッチを買い、カフェテリアの一番隅の席にどかっと座り込んだ私は、他の学生がするようにテキストブックとノートを広げ、ランチを取りながらノートへの書き込みを始めた。といってもテキストを読んで勉強をしているわけではない。そのカフェテリアにいる学生たちの行動を観察しているのである。ノートへの書き込みは様々な気付きのメモであり、簡易なカウントのデータ取りである。

ゲイリー・エバンス教授の授業で、現場の行動を観察し、その分析をして、ソリューション（問題解決法）を提案するプロジェクトを実施する課題が出ていた。何を対象にするかは自由だったので、私は「カフェテリアでゴミを捨てる行動」を観察することにしたのだ。カフェテリアでは、食べ終わった後の紙皿やナプキンといったゴミを捨てずに放置するケースがある。どうすればみんながゴミをきちんと捨てるカフェテリアを実現できるか、を検討するため、私はカフェテリアでランチを取る学生の一人として紛れ込むことで、その実態を観察していたのである。

カフェテリアでの学生の行動を観察していると、様々な気付きが得られ、多くの仮説が頭の中を駆け巡った。席の近くにゴミ箱があれば必ずゴミを捨てるのでは？　周りの人たちが全員ゴミを捨てればゴミを捨てる可能性が高くなるのでは？　一人で食事をするときよりも友人と食事をするときのほうがゴミを捨てるのでは？　その友人が異性であれば、ゴミを捨てる可能性はより高まるのでは？

私はアメリカのニューヨーク州にあるコーネル大学の大学院に留学して、人間工学や心理学を学んでいた。それまでも研究所で人間の心理や生理に関する研究をしていたが、あらためて真正面から人間の研究に取り組むべく二年間アメリカに滞在していた。私が学んだヒューマン・エコロジー学部、デザイン・アンド・エンバイロンメンタル・アナリシス学科でアラン・ヘッジ教授やゲイリー・エバンス教授に徹底されたのは、以下の二つの点である。

①**必ず現場に行って、人間の行動を観察すること**　適切な解釈、よい問題解決法（ソリューション）を得るためには、実態を深く知らなければならない。

②**根拠のあるソリューションを提案すること**　ソリューションは、単なる「勘」で出すのではなく、「こういうことが科学的にわかっているから、この実態はこう解釈される。

なのでソリューションはこうしたほうがよい」と論理的に説明できなければならない。

このような方針のもと、大学院に在籍した二年間だけでも、私は様々な行動観察のプロジェクトに参画した。市役所で働く人たちを観察し、より働きやすい職場環境を検討するプロジェクト。小さな子供が遊ぶ実態を観察し、手先の器用さが促進されるおもちゃをデザインするプロジェクト。ネットで買い物をする行動を観察して、より売り上げの伸びるウェブサイトを検討するプロジェクト。プロジェクトとまでいかない課題であっても、行動観察は求められた。たとえば、映画の古典的名作である『12 Angry Men（邦題：十二人の怒れる男）』を全編見て、その一二人の登場人物の言動をつぶさに観察した上で、性格を分類するという課題もあった。

日本に帰ってきてからも、私は「現場に足を運んでの実態把握」「根拠のあるソリューション」の二つをとても重視し、行動観察を実践している。現場に行って行動を観察するためには、体力や気力など、かなりの労力が必要である。また、根拠のあるソリューションを考えるためには、その理論を学問的に学ぶためにかなり時間がかかるし、クリエイティブな発想力も必要となってくる。しかし、なぜここまで労力と手間のかかる行動観察が重要となっているのであろうか。

それは二つの課題解決に大いに役立つからである。しかもその二つの課題は、はるか昔から現在に至るまで、ありとあらゆる企業にとっての永遠の課題といえる。その二つとは、「付加価値の提案」と「生産性の向上」である。「付加価値の提案」とは、製品開発、提供サービス内容の提案など、いかに自社の製品・サービスを差別化し、他社に対する優位性を確保するか、という課題である。また、「生産性の向上」とは、営業、生産、工事、ホワイトカラーの業務など様々な現場やオフィスでいかに効率的にアウトプットするか、という課題である。

付加価値の提案

アメリカのデザインコンサルティング会社であるＩＤＥＯや、イギリス王立芸術大学（ＲＣＡ：ロイヤル・カレッジ・オブ・アート）では、製品デザインにおいて「行動観察」を重視している。

ＩＤＥＯのトム・ケリー氏は、その著書（Thom Kelly, Jonathan Littman, *The Art of Innovation: Lessons in Creativity from IDEO, America's Leading Design Firm*, Bantam Dell Pub Group, 2001）において「イノベーションを可能にするのは観察に触発された洞察である」「イノベーションは見ることとから始まる」「自分自身の目と耳で物事を見聞きすることは、画期的な製品の改良や創造の最初の重要な一段階である」「新しいアイディアは、見ること、嗅ぐこと、聞くこと——つまりその場にいること——から生まれる」と述べている。

また、RCAでは、「インクルーシブデザイン」という概念を提唱している。これは、デザインのプロセスにおいて必ずユーザに参画（インクルード）してもらうデザイン手法である。たとえば一年間でデザインのプロジェクトを実施するとすれば、その半分の六ヵ月もの期間をユーザの行動観察調査にあてて潜在的なニーズを把握した後、後半の六ヵ月でデザインを行う。このような「インクルーシブデザイン」は多くの成功例を生み出しており、大学のウェブでは様々なデザイン例を見ることができる。

なぜ私たちはお金を払って製品を買うのか？　それは、その製品によって得られる「経験」にお金を払う価値があると考えるからである。たとえば、コンピュータを買ったとしよう。私たちがお金を払ったのは、プラスチックや鉄といったモノそのものに価値があると考えたというよりは、そのコンピュータによって得られる経験（たとえば、メールを送る、コミュニティを作る、ネットショッピングをする等々）に価値があると考えたためである。製品をデザインして販売する製造業も、宿泊や飲食という経験を提供するサービス業も「経験」にお金を払ってもらっているという意味では全く同じである。つまり「付加価値の提供」とは、他では得られない「経験」を顧客にどう提供するかということである。

生産性の向上

二〇〇四年、ＩＢＭのＣＥＯであるパルミサーノ氏を議長とする米国競争力評議会の『パルミサーノ・レポート』が「サービスサイエンス」という概念を提唱した。

「サービスサイエンス」とは、これまで「勘と経験」で扱われてきたサービス分野に、「科学的アプローチ」を適用するという考え方である。世界経済におけるサービスの重要性は高まっており、ＧＤＰ（国内総生産）に第三次産業（サービス業）が占める比率は年々増加している。

日本でもサービスの生産性向上は大きな課題となっており、日本で現在、サービスサイエンスに一番力を入れているのは、「国」である。経済産業省では、サービス産業生産性協議会が二〇〇七年に設立され、サービスイノベーションセミナーを各地で開催し、様々なサービスの成功事例を紹介した。また、〇八年には、産業技術総合研究所にサービス工学研究センターが設立され、サービスについて科学的に取り組む動きが加速した。さらに二〇一〇年からは、文部科学省が科学技術振興機構を通してサービスサイエンス関連の研究に予算を提供している。

サービス業では、ノウハウやスキルは個人の「勘と経験」という暗黙知に依存する部分

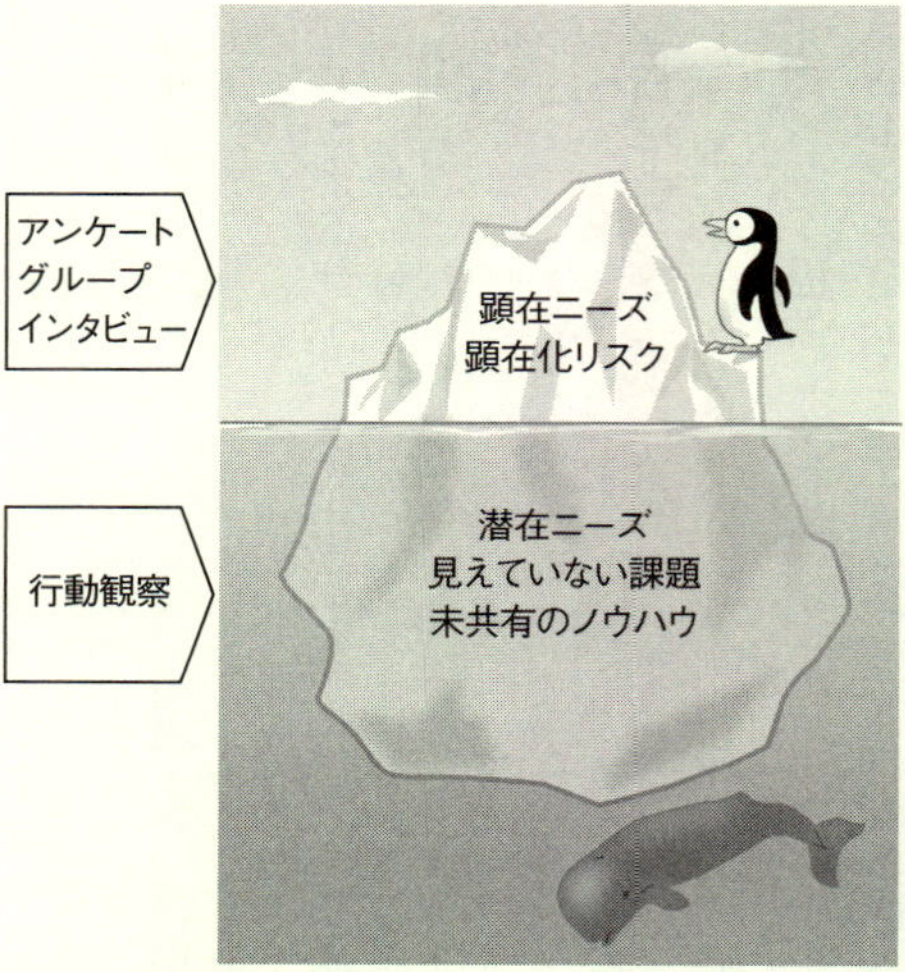

図1　行動観察の特徴

が大きい。そのため、同じレストランチェーン内であっても店舗によって、そして担当者が誰かによって、サービスのクオリティに差が生じることが多い。だからこそ、勘と経験だけに依存しない、実態に即していてかつ根拠のあるソリューションが求められる。また、これまで個人に閉じていたノウハウをいかに共有するかが重要になっている。

「付加価値の提案」と「生産性の向上」のどちらにおいても、潜在するニーズや課題、ノウハウを把握することが重要である。そのため、フィールドでの人間の行動を深く知り、その上で分析を行い、これまで言語化されてこなかった部分を把握する行動観察が注目を浴びている（図1）。

行動観察の三つのステップ

行動観察には三つのステップがあり、順番に「観察」「分析」「改善」と呼ばれている。「観察」のステップでは現場に足を運んでそのフィールドでの人間の行動を詳細に観察し、実態を把握する。その場で気付いた事実について詳細なメモを作成する。また許される場合は映像や音声を記録し、対象者にインタビューをする場合もある。次の「分析」のステップでは、人間工学や心理学など、人間に関する知見を駆使して、観察した人間の行動を構造的に解釈することを試みる。「改善」のステップでは、実態とその解釈をもとに、ソリューションを提案する。

最初のステップである「観察」は、誰もが日常的に行っている「他人の行動を見ること」と似ているようでかなり違う。様々なフィールドで多くの気付きを得るためには、ただ人の行動を見ているだけでは不十分である。

たとえば、あなたの乗っている電車に、ドアにもたれながら仲良く話をしている大学生のカップルがいたとしよう。彼氏と話をしながら、女性のほうがケータイをチラッと見る。ありふれた行動である。しかし、よくよく観察すると、女性はその後も、彼氏との会話を続けると同時にケータイを一〇秒ぐらい見つめていたりする。なぜか？　ケータイを見るときの彼女のしぐさと、ケータイの表面をよく見ると、その理由が理解できた。彼女は彼氏に気付かれないように、ケータイをチェックするふりをしながら、つるつるの表面できたケータイを鏡代わりに使って自分の顔の状態をチェックしていたのである。つまり、女性にはデート中に彼氏に知られることなく自分の顔の状態をそれとなく確認したい、というニーズがあることがわかる。その女性の行動を、ただ「見る」だけだったら、ここまで深い認識には至らないであろう。これが「見る」ことと「観察する」ことの違いである。

「分析」のステップにおいては、行動を解釈するにあたって、人間に関する様々な知見が重要な役割を果たす。このステップで活用する主な分野を以下に示す。

人間工学：人間には様々な特性や制約がある。たとえば身体的な特性・限界として「あまりに重いものは持てない」「年齢とともに筋力は変動する」などがあり、認知的な特性・限界として「短時間で暗記できる数字の桁数は限られている」などがある。こういった人間の特性や限界をよく理解した上で、フィールドでの人間の行動の解釈を行う。

エスノグラフィー：社会学の分野でフィールドワークとも呼ばれている調査手法である。もともとはアフリカなどフィールドの生活に密着してその社会や文化について調査をする手法で、行動観察において活用される場合は、個人や企業の文化や価値観、生活様式や習慣、風土をありのまま調べるのに用いられる。

環境心理学：あまり意識されないので自分では気付きにくいことであるが、物理環境

（光環境、音環境、熱環境、混雑具合など）によって人間の行動は大きく影響を受ける。たとえば、ノイズの大きい部屋では、静かな部屋に比べて「お互いを助ける行動」は減る。行動観察では、その人間の置かれている物理環境を把握した上で、環境心理学の知見をもとにしてその行動の解釈を試みる。

社会心理学：人間は社会的な生物なので、他者との関わり合い（インタラクション、たとえば、誰に何を言われるか）によって行動が影響を受ける。他者との関係の中でどういう働きかけがあってどういう影響を受けたか、を知るために社会心理学の知見が用いられる。

表情分析：人間の表情は、日本でもアメリカでもアフリカでも、どこでも世界共通であるということがわかっている。すなわち、怒り、嫌悪、恐れ、喜び、悲しみ、驚き、軽蔑《けいべつ》の表情については人類に共通するものである。表情分析は、その知見に基づいて表情を読み取ることにより、「いま、この人にはこういう感情が生じた」ということがある程度わかる有効な方法である。

最後のステップである「改善」においては、行動観察で得られた事実や気付きや解釈をもとにソリューションを提案して、それを現場に導入することで効果の検証を行う。

行動観察が有効な理由

この手法がなぜ有効なのか、それには大きく二つの理由がある。

その一つ目は「言語化されていないニーズやノウハウを抽出できること」である。人間はほとんどの行動を無意識に行っている。だから自分自身の何気ない行動をすべて把握しているわけではない。さらに、自分のニーズを構造的に解釈して理解しているわけではない。そのため、重要なニーズが存在していても、本人がそれを把握しているとは限らないのである。行動観察では、人の行動をすべてつぶさに観察することにより、本人が認識していない課題やニーズを知ることができる。

二つ目は「社会通念によるバイアスを排除できること」である。アンケートやインタビューにおいては、社会的に「こうあるべき」と思われている方向に回答が影響されがちである。たとえば、「トイレの後には必ず手を洗いますか?」とアンケートで聞かれれば、ほとんどの人は「はい、必ず洗います」と答えるであろう。しかし、(特に男性の)トイレで観察を行えば、それは事実ではないことがわかる。つまり、行動観察は、社会通念に反する実態であっても把握できるのである。

私は二〇〇一年に帰国すると同時に日本で行動観察の調査を開始したが、当初はなかなか理解が得られなかった。当時はエスノグラフィーをビジネスに活用するという時代ではなかったし、サービスサイエンスという概念もまだ存在していなかった。そのため、「なぜそこまでする必要があるの？」「アンケートで充分じゃないの？」「誰でもその場に行けば気付くことじゃないの？」といった質問に答える形で、行動観察の重要性を理解してもらうことから始めなくてはならなかった。

その後、様々なフィールドで行動観察のプロジェクトを実施して成果を出し続けることで理解が広まった。さらにサービスサイエンスという概念が登場したり、産業にエスノグラフィーを導入する国際学会が立ち上がるなど、社会の認識が変わってきたこともあり、調査の依頼がどんどん増え、いまにいたっている。

次章からは、二〇〇一年からいまに至る、様々な事例について具体的な内容をご紹介したい。多様なフィールドにおける行動観察の事例は、そのまま行動観察の歴史でもある。

コナン・ドイルの有名な小説の主人公である名探偵シャーロック・ホームズは、その優れた観察眼で、ワトソンの思いもよらぬことに気付き、その気付きから事件を解決することができる。そのシャーロック・ホームズの有名な言葉がある。それまでワトソンが何度も昇り降りしてきた階段について、ホームズが訊《たず》ねた場面の一節である。

君は観察（observe）をしていない。ただ見ている（see）だけだ。私が言いたい

のは、観察するのと見るのとは全然違う、ということだ。（『シャーロック・ホームズの冒険』より筆者訳）

あなたも、「見る」だけでなく、ぜひホームズのように「観察」をしてほしい。

第2章　これが行動観察だ

1　ワーキングマザーの隠れた欲望

ワーキングマザーのニーズがわからない

日が暮れかけた京都の小さな商店街。子供から年配の人まで、かなり多くの人が歩いている。その主婦の乗った自転車は人ごみの中をスイスイと駆け抜けながら、快調に町を走っていく。私も慣れない自転車で追いかけるが、必死になってもなかなか追いつかない。人を避けるだけでも大変なのに、どうしてそんなにスピードを出せるのか、全く不思議に感じる。スーパーの前で、やっと主婦の自転車が止まった。ああ、なんとか見失わないですんだようだ。

私がいわゆるワーキングマザー（子供がいて、働く主婦）の調査を始めたのは、ある企業から頼まれたためだ。担当者は高倉美香さんという女性で、「いまや専業主婦よりも多い、ワーキングマザーのニーズが全般的によくわからないので調べてほしい」という話だった。もちろん、ワーキングマザーについて様々なアンケートなどの調査の結果はあった。

たとえば、ワーキングマザーは家事の時間が専業主婦に比べて半分ぐらいしかない、といったデータなどである。しかし、その生々しい実態を知ることで、今後のサービス提供や商品開発、ＰＲ戦略に役立てたい、とのことだった。

私が行動観察の調査を開始してすでに何年か経っていたが、行動観察という調査手法はまだ世間に認知されていなかった。依頼をしてくれた高倉さんの上司でさえ、行動観察について高く評価していたとは言い難かった。このころよく言われたのは、「調査をするかどうか決めるにあたって、行動観察でどういうことがわかるのか教えてほしい」ということだった。

しかし、これは答えられない問いである。行動観察はフィールドに入り込んで実態を深く調べてニーズを明らかにする手法なので、調査の前に「こういう結果が出ます」などと約束できるようなものではない。高倉さんは、納得していない上司から了解を取り付け、とにかく調査を開始する段取りをつけてくれた。

行動観察手法の有効性を理解してもらえるか？

行動観察を実施して得られるアウトプットには、すでに自信があった。詳細は後で述べるが、行動観察の有効性を証明する調査研究をかなり実施していたからである。しかし、ワーキングマザーの調査では、行動観察の有効性を証明し、まだ好意的とはいえない高倉さんの上司に納得してもらう必要がある。これは非常によい成果を出さなければ、と私のモチベーションはぐっと高まった。

しかし、同時に懸念することもあった。それは、対象者であるワーキングマザーと信頼関係が築けるか、ということである。それまでの行動観察調査でも、主婦の自宅にお伺いして、たとえば調理行動といった特定の行動の調査は実施したことがあった。ただ、それらは長くても二時間ほどで終了する調査である。今回の「ワーキングマザーのニーズを広く調べる」となると、短くても半日、長い場合は終日の行動観察が必要となる。そうなると、観察の対象者であるワーキングマザーとの信頼関係がとても重要になる。

対象者からすれば、知らない人が家にやってきて、朝から晩までジロジロと行動をチェックしていたらたまらないだろう。どうすればその日に初めて会うワーキングマザーと、ごくごく短時間の間に信頼関係を結べるだろうか？　そこで信頼関係ができたことを示す具体的な目標を、その日に会ったばかりのワーキングマザーに「晩ご飯を食べていってください」と言ってもらえること、と非常に高く設定することにした。

調査前には「いかに高倉さんの上司の納得を得られるか？」「どうすればワーキングマザーと信頼関係を築けるか？」が課題であった。事前に悩みすぎてもしかたがないので、とにかく調査を始めることにした。もちろん調査の企画・設計などは入念に行ったが、課題の二点については、「走りながら考える」ことにした。すなわち、「行動を起こす前にすべて考えつくしてしまう」というより、「まず行動を起こして、その中で考えながら進める」ことにしたのである。これは行動観察をするときの基本的な姿勢でもある。

いよいよ調査へ

最初に伺ったのは、冒頭のスピーディーに自転車を操るAさんである。活発で精力的なAさんの調査は、仕事帰りの夕方からの半日となった。

Aさんの自宅に着くやいなや、私は自転車を渡され、Aさんの夕飯の買い物に同行することになった。Aさんの自転車操縦スキルは、想像をはるかに超えていた。Aさんが「さて行きましょうか」と言った後のすごい加速、そして人ごみの中をすり抜けていく技術、ほとんどアクロバットである。信号でAさんが止められることがなければ、私はとっくに彼女を見失っていたであろう。しかも、信号待ちの時間でさえ惜しいとばかりに、Aさんはケータイを取り出して友人に電話を始めた。

このこと自体が一つの気付きを与えてくれる。つまり、彼女にはそれだけ時間がないのである。買い物もかなり手早い。買い物の帰りにどこの店に寄るのかもあらかじめ決まっており、最短距離を最速で駆け抜けて、すべての必要なものを買って子供の待つ自宅へと帰っていく。その後も、驚きの連続であった。調理や洗濯など、すべての家事がそうだが、常にマルチタスクで二つのことを同時進行で行う。たとえば、子供の宿題を教えながら調理をしたり、子供の話を聞きながら洗濯をしたり。しかも、それらがすべて早回しのビデオを見るようなすばやい動きで行われていたのである。

多くの驚くべき気付きとともに、最初の調査は無事終わった。ただ、反省点も多かった。Aさんとは普通に会話ができたしいろいろとお伺いすることはできた。しかし、信頼関係を築くことができたか？　と言われるとイエスとは言い難い。まだまだ改善の余地はある。

問題の一つは、私の服装である。私はスーツを着て行ってしまったのである。なので、自転車で追いかけるスーツ姿の私は周りから見ても奇妙に映ったであろうし、家の中で彼女の行動についてのメモを記入しているスーツ姿の私は、下手をすると何かの監視員にでも見えたかもしれない。調査の主役は私ではない。あくまでも対象者であるワーキングマザーである。私はワーキングマザーのフィールドである自宅や買い物の場で目立つ存在になるべきではなかった。それよりも、目立たない無視してもよいぐらいの存在として、自然にその場に溶け込んでおく必要があったのである。

Aさんのお宅では、「これから家族で夕食を食べるので、いったん外してもらってもよいですか？」という話になり、私は家を出て外でしばらく時間をつぶした。これは信頼関係を築けていないサインである。果たして「よかったらご飯を一緒に食べませんか？」と言われるほどの信頼関係は築けるのであろうか？

問題発生——そこから気付いた解決方法

調査のプロセスで、一つの問題が持ち上がった。私と別行動で行動観察調査をしていた人の発言が、後でビデオをチェックしていて問題ありと判明した。それは、あるワーキングマザーが、自宅のキッチンで調理をした後のインタビューでの発言であった。「その食材の皮は、どうしてそういう風に処理するんですか？　不潔ではありませんか？」とその調査員は言ってしまったのである。

その調査員も主婦なので、彼女の基準から考えると、そのワーキングマザーの行動は「不潔」に思えたのであろう。その調査員に、悪意はつゆほどもなかった。しかし、観察される側の立場に立って考えれば、全くことは違ってくる。忙しい日常の中に知らない人が入ってきて、自分のすることについてネガティブな表現を使われれば、「批判された」と感じても不思議ではない。まるで生活をチェックされているかのようなコメントをされれば、その人には早く立ち去ってほしくなるだろうし、本音をさらけ出そうとも思わないだろう。

ここで大事なのは、「自分の価値観で観察対象者を批判的な目で見てはいけない」ということである。これは観察対象者の価値観を最大限に尊重することを意味する。たとえば先の事例でいうと、「その食材の皮はどう処理されたんですか？　それはなぜでしょうか？」とニュートラルに質問すればよかったのである。また、このときに大事なのは、そのときの言葉のトーンと表情である。皮肉っぽく顔をゆがめて、詰問調の声の出し方をすれば、どのような質問であれ、批判と取られてもしかたがないであろう。つまり、非常に素朴な疑問をぶつける形で、「どうしてですか？」とお訊《き》きするべきなのだ。主役はワーキングマザーであり、観察者はでしゃばらずに、主役を映す鏡であるべきなのである。

前章でも触れたが、私は行動観察の基礎を学んだコーネル大学で、環境心理学をゲイリー・エバンス教授から学んだ。エバンス教授は様々な賞を受けており、世界的にも著名な先生である。研究にかけては自分にも学生にも非常に厳しい。一つひとつの講義のたびに読んでおくべき文献数は膨大であるし、レポートの採点も厳密である。私はこの教授を尊敬していたので、単位には関係がない授業でも、エバンス教授の講義は聴講に出かけていた。ある講義の冒頭でエバンス教授が話したことは、いまだに忘れられない。それは学部生向けの授業であったので、学生はほとんど二〇歳前後であった。その若い学生たちに向かって、講義の第一回目の一番最初に、当時五〇歳代であったこの高名な教授はこう言ったのである。

「私は君たちが知らないことをたくさん知っている。だから、この講義を通じていろいろとお教えしたい。そして、君たちは私の知らないことを知っている。それをぜひ私に教えてほしい」

優秀な学者とはこういうものなのか、と感動した。自分より圧倒的に若い学生からも学びを得ようとする態度、これは私も心がけようと思った。自分の考え方や価値観はさておき、事実や他人の思いに対して謙虚であるべきである、という態度には、私は大変影響を受けた。

ワーキングマザーの調査は、私の世代より少し若い人たちが対象であった。年齢は近くても、根本的な態度は同様である。すなわち、相手から謙虚に学ぶ精神である。そして、調査において、自分の価値観で他人を批判めいた目で見ることとは、「事実や他人の思いに対して謙虚」とはまるで逆の態度であり、絶対に避けなければならない。

体力が限界のワーキングマザー

信頼関係を作るにあたって重要なことを一つ学んだ私たちは、さらに行動観察調査を続けた。調査が三分の一ぐらい終わったところ、依頼を受けた高倉さんから、「どんな結果が出てきてるの？」と訊かれた。私は「ワーキングマザーは相当忙しいですよ。しかし、マルチタスクと早回し行動で乗り切ってます」と答えた。しかし、この時点では、こうしたことは、まだ答えるべきではなかったのである。

そのころに観察調査をしたのが、郊外のマンションに住むBさんである。Bさんとは、病院勤務が終わってから自宅の最寄り駅の改札で待ち合わせをした。Aさんが非常に活発な主婦とすれば、Bさんはおとなしいタイプの人だった。

まずは駅から自転車に乗り、子供二人を迎えにいく。一人は小学校に、もう一人は保育所に預けてあるので、二ヵ所を自転車で回った。その後、Bさんは前と後ろに子供を乗せたまま、スーパーに向かった。夕食の食材などの買い物である。二人の子供さんと仲良く話しながら買い物をするが、Aさんと違い、ゆったりと行動していた。自宅に着くと、そこはぴかぴかの新しいマンションであった。ご主人は夜勤の仕事なので、夕方のこの時間は奥の寝室でぐっすり眠っている。このため、Bさんも子供も、なるべく静かにしようとされていた。しかし、家事は待ってくれない。Bさんはさっそく家事にとりかかった。この家事の量が膨大である。洗濯一つを取っても、洗濯物を入れて洗濯機を操作する、ベランダに干してあった洗濯物を取り入れる、取り入れた洗濯物を一つひとつたたむ、たたんだものをタンスにしまう、といったように様々な仕事がある。家事はそれだけではない。お風呂掃除や調理なども完璧にこなさなければならない。それもなるべく物音をたてずに。

Bさんもマルチタスクをこなしていた。たとえば夕食の調理のとき。調理をするBさんのいるキッチンに子供が二人とも入ってきた。姉のほうはキッチンから窓の外を見ていて、弟はキッチンの床に座り込んで、本を音読し始めた。この事実からは、二つの気付きが得られた。一つは、子供はお母さんとなるべく近いところで一緒に過ごす時間を求めているということ。そしてもう一つは、母と子が一緒に過ごす時間を持つことを、学校が求めているということである。学校は、宿題を「母親と子供が一緒にする」形で出していた。Bさんの息子が母親の前で本を音読し、それを母親が「確かに聞きました」とサインすることで、初めて宿題をしたことになる。学校側としても、ワーキングマザーが専業主婦よりも増えてきたことをよく理解した上で、教育の運用を改善しているのであろう。

学びを得ようとする態度と、服装をスーツではなく「友人が家に遊びに来たときの普段の服」に変えたのがよかったのか、Bさんはかなり本音を語ってくれた。一番衝撃を受けたのは、子供を家に連れて帰った後、キッチンに座り込んでしまうことがある、という話である。彼女の言葉をそのままご紹介しよう。

「仕事を終えてから子供二人を迎えに行って買い物をすると、家にたどり着いたときには疲労困憊《こんぱい》しているときがあります。そういうときはキッチンの床に一人で座って『ご飯を作らないと……。ご飯を作らないと……』とつぶやき続けるときがあるんです」

Bさんが電気もついていない薄暗いキッチンに座り込んでいる姿を想像して、「そこまで体力的につらいのか……。ワーキングマザーは毎日体力ぎりぎりでがんばっているんだ」と実感した。そして、「この状況をなんとかできないか？」とモチベーションが高まった。

Aさんの調査のときに、私は「ワーキングマザーは大変だけれども効率よく動くことで家事はこなすことができる」と考えていたのであるが、それも人によって状況は異なっているようだ。ひょっとするとAさんも本音を語らなかっただけで実情は同じなのかもしれない。これだけ家電製品があふれていて様々な家事が自動でできる世の中ではあるが、まだ体力の余裕、そして心の余裕を得るには至っていなかったのが現状である。

途中経過はクライアントに伝えてはいけない

Bさんの調査をして、私は高倉さんに「ワーキングマザーは忙しいが、マルチタスクと早回し行動で乗り切っている」と言ってしまったことを後悔していた。なぜなら、ワーキングマザーの多忙さは、なんとか乗り切れるレベルを超えていたからである。Aさんは自転車でアクロバット走行をしても息も切れないぐらい、たまたま体力やバイタリティがある人だから乗り切れていたのであって、そういう人ばかりとは限らない。

簡易な結果を先に伝えてしまって後悔したのにはもう一つ理由があって、それは「結果について先入観を与えてしまった」ということである。クライアントである高倉さんは、私の報告を聞いて、「ワーキングマザーはなんとか乗り切っている」と思ってしまっているので、「本当は、乗り切れないぐらい大変だ、と後の調査でわかった」という結果を報告しても、素直には受け取りにくいであろう。一度別の結果を聞いてしまったからには、以前の考えを覆して、異なる結果を受け入れてもらうのは大変である。また、高倉さんがフレキシブルな人で、結果が変わることを素直に受け入れてくれる人であったとしても、すでにその上司に「こういう結果が出ています」と報告してしまっているかもしれない。

このことから、「結果がまとまるまで、クライアントに安易に途中経過を話さないほうがよい」ということを学んだ。特に行動観察という調査では、「観察で得られた実態からどのような仮説が出てくるか」がポイントなので、通常の調査よりもこういった注意が必要である。

なぜやりかけている家事をすべてストップするのか？

次に調査をしたCさんは夫の会社を手伝うワーキングマザーで、駅からほど近い住宅地の一戸建てに住んでいる。非常に頭がよくて上品な主婦である。Cさんの家には子供が三人いて、一番上が私立中学校に通いはじめた中学一年のお姉さんで、下は小学校二年生の双子の男の子だ。Cさんも、会社から帰ってくるやいなや洗濯や掃除をしはじめた。全く座る間もない忙しさである。

その後、夕食の支度を始めたCさんだったが、ここで入った一本の電話で、彼女の行動が一変した。電話を取って「はい、はい、わかった」と答えてすぐに電話を切ったかと思うと、すべての調理をストップさせてコンロを止め、食材を冷蔵庫に戻し始めたのである。そしてカーテンを閉め、戸締りをしはじめた。「どうしたんですか？」と訊ねると、「中一の娘が帰ってきたので駅に迎えに行くんです」とのこと。もちろん私も同行する。驚くべきことに、駅は家から三分もかからない場所にあった。しかも、まだ夕方四時ぐらいで、暗くなる前の充分日がある時間のことである。なぜすべての家事を中止して戸締りをして徒歩三分の距離を迎えに行くのか？　その理由は、子供の安全である。治安が悪いとは全く思えない、普通の駅前の住宅地でも、子供が犯罪に巻き込まれないように、そこまで手間と時間をかける。もちろん、それはCさんが気にしすぎているだけで、実際の危険性はそこまでするほど高くない、という解釈も可能であるし、それが事実かもしれない。しかし、人間の気持ちは事実や理屈だけで決まるものではない。ニュースで事件が報道されるだけで、様々な心配が生じ、それが行動に現れる。

また、迎えに来てもらったときの娘さんの一言が忘れられない。話の流れに全く関係なく、「お母さん、仕事辞めないの？」と娘さんがつぶやいたのである。どうやら、娘さんとしては母親に仕事を辞めていつでも家にいてほしい気持ちがあるようなのだ。

家に帰ってしばらくすると、弟二人も帰宅して、宿題を始めた。Cさんもこの二人の子供の宿題を見ていたが、内容は子供が終えた計算問題の採点だった。計算問題の結果を採点しようと思えば、結局は同じ問題を自分で計算して検算する必要がある。これはBさんの「子供の音読を聞く」のよりも圧倒的に手間がかかっていた。

このように、ワーキングマザーには、調理、掃除、洗濯といった一般的な家事以外にも、外からは見えにくい用事があった。

昼食後にファストフードに行く理由

新しいマンションに住んでいるDさんは食品会社で事務をしている、マイペースでたんたんと話す人だった。Dさんの行動観察は休日の朝から晩までの終日にわたった。

Dさんの行動を見ていて最初に目が行ったのは、新聞の取り扱いであった。休日の新聞には、新聞本体よりも分厚いチラシが入っている。そのチラシの束を、新聞を受け取って間もなく、Dさんは何の躊躇《ちゅうちょ》もなくそのままゴミ箱に捨てた。その日の夕方にDさんは食材の買い物に出かけたが、様々なスーパーの安売り情報をチェックする一番簡単なツールであるはずのチラシを事前に見ることはなかった。買い物に行くスーパーをどういうプロセスで決めるのかを知りたくなった私は、自転車でスーパーに買い物に出かけたとき、「このスーパーを選んだ理由は何ですか?」とDさんにたずねた。すると、「このスーパーはわかりやすいんです。日曜日は卵が安くなる、と毎週決まっているので、よく日曜日に来ます」との答えだった。

忙しいワーキングマザーには、安売り情報さえ確認している時間がない。「日曜日は卵が安い日」といったシンプルな情報にまとめることで、スーパーは来店につなげることができる。つまり「曜日」と「何が安いか」の関係を安易に変更するのは、お勧めできないということだ。一番大事なことは、多忙なワーキングマザーにいかに記憶してもらうか、そしてそのために情報をいかにシンプルにして伝えるか、だからだ。

Dさんには小学校二年生の男の子と、幼稚園年長の女の子がいる。その日、小学校二年生の男の子は知人の家に預けていていなかったが、幼稚園年長の女の子とは終日一緒に過ごしていた。昼食を取り終わった午後二時ごろ、この女の子がファストフードに行きたい、と言い始めた。Dさんは何の迷いもなく、「じゃあ、行こうか」と言い、外出する支度を始めた。そして子供と一緒に自転車に乗ると、店に向かった。店に入ると子供はハンバーガーのセットを頼み、Dさんはコーヒーを頼んだ。私は不思議だった。お昼ご飯を食べたばかりだが、幼稚園児の女の子が午後二時にセットを食べられるのだろうか、と。案の定、女の子はハンバーガーを食べきれずに残していた。そしてもう一度不思議に思った。この時間に食事してしまうと、夕食も食べ残してしまうのではないだろうか、と。そもそも、Dさんは何のためにこの時間に娘をファストフード店に連れてくることにしたのだろう？　Dさんの話は、こういうことだった。

「私の母親は専業主婦だった。なので母親はいつも身近にいてくれた。しかし、私は働いているので、娘とずっと一緒にいてやることができない。娘には申し訳ないと思っている」

つまり、自分が働いていることについて子供に対して後ろめたい気持ちを持っている、ということである。働くこと自体は何ら責められるようなことではないと思うが、「自分の母親」と、「母親としての自分」とを比較して、子供に充分な時間を割けていないと感じていた。この「後ろめたさ」のせいで、少々子供がわがままを言っても、聞き入れてしまう実態がそこにはあった。私はCさんが、子供に「お母さん、仕事辞めないの？」と言われていたことを思い出した。これは多くのワーキングマザーに共通する点なのかもしれない。

買い物に行くときや、ファストフード店に行くとき、Dさんは自転車に乗っていたが、そのときに気になる行動があった。それは自転車に乗りながら、右手をハンドルからいったん離して、左腕を触る行動である。Dさんにそのわけを訊くと、「仕事は食品会社の事務だけど、ときどき荷物を運ぶのを手伝わされるんです」とのことであった。家事だけでも身体的負荷は大きいにもかかわらず、会社でも荷物を運んでいるので、腕に疲れが出て、自転車に乗っているときにでも、もまずにはいられないという。これも、浅い調査だけでは出てこなかった事実であろう。つまり表面からだけでは見えない様々な負荷がワーキングマザーにどっしりとのしかかっていたのである。

調査目的を正直に伝えたほうがよい？

調査が続いている中、クライアントの高倉さんに再びお会いする機会があった。「調査の進み具合はどう？」と訊かれたので「かなりいろんなことがわかってきましたよ」と答えた私であるが、そのときに高倉さんから思いがけない言葉があった。それは「調査の目的を、ワーキングマザー本人に伝えていいからね」という言葉である。

通常、それまでの調査においては、調査の目的（仮説）を対象者にストレートに言わないこともあった。それには理由がある。対象者が調査目的を知ってしまうと、その調査結果に影響を与えてしまうことがある。たとえば、「今回ご協力いただくのは、騒音の多い環境で人助け行動が減るかどうかを見るための調査です」と伝えてしまうと、対象者は「騒音の多い環境で人助けが減る」という仮説に沿って行動する可能性がある。「一生懸命調査をしている人のためによい結果を出してあげたい」という善意からそういう行動を取る人も出てくる。だから、こうした実験では対象者には目的を伝えないことが望ましい。

しかし、行動観察では、仮説が最初にあるわけではない。「ワーキングマザーのニーズは何であるか？」という仮説を得るための調査なので、調査目的を正直に告げても基本的には問題がない、ということに気付いた。この後の調査では、あいまいにしか伝えていなかった調査目的をワーキングマザーに明確に伝えることにした。

すでにワーキングマザーがかなり大変であることはわかっていたので、「ワーキングマザーって大変だと思うんです。その実態をよくわかった上で、製品やサービスなどを通じて、私たちの力でお助けできないかと思っています。そのヒントを探しにきました」と伝えることにした。これは非常に効果的だった。長時間にわたって一緒に過ごしてビデオを撮るとなると、「私の行動をチェックしに来たのか」と取られがちであるのに対して、「大変な生活を送られているあなたをなんとかハッピーにするために来ました」と明確に伝えることで、調査員が受け入れてもらいやすくなり、信頼関係を築きやすくなった。

調理をしながらのビールは自分へのご褒美

Eさんは丸い柔和な顔をされていて、大きな声でオープンになんでも話してくれる、きさくな人だった。機器メーカーで事務のパートをしている。

Eさんには前述のように、最初に調査のゴールを明確にお伝えしたので、信頼関係がすぐにでき、調査開始早々に本音で語ってくれた。

「いつも時間に追われているので、睡眠を削らないと遊べない」

「なんせ面倒くさいのはご飯作るの。切って、炒めて、揚げて、それでなおかつ皿下げて洗わないといけないでしょう」

驚いたのは、彼女がビールを飲みながら調理することだった。なぜビールを飲みながら調理をするのか訊いてみた。すると、Eさんはにこやかな顔のままで、「自分へのご褒美みたいなもんかな」と答えたのである。

これで気付いたことが一つある。よくよく考えてみると、これだけ体力ぎりぎりでがんばっているワーキングマザーに対して、周りからのポジティブなフィードバック（自分が認められて、正当な扱いを受けること）が全くないということだ。たとえば、会社で努力して仕事をして成果を出せば、「よくやったな」と上司から褒めてもらえることもあるだろう。また、誰かに親切なことをすれば、「ありがとう」と言われることもあるだろう。しかし、ワーキングマザーが体力をぎりぎりまで使ってこなしている家事について、誰からも「よくやったな」「ありがとう」とは言われない。

むしろ実態は逆で、掃除や洗濯などで、行き届かない点があるときには「最近部屋が汚いぞ、きっちり掃除しているのか？」とか「この間、シャツに汚れが残っていたぞ」といったように、ネガティブなフィードバックだけはしっかりある。確かに、夫や子供が「いつも部屋をきれいにしてくれてありがとう！」「このシャツ、ほんとにきれいになってる。すごいね！」と言うことなどは、ほとんどの家ではないであろう。

このように、一生懸命がんばっているのにもかかわらず、褒めてもらったり感謝を表明されていないワーキングマザーは、自分で自分をねぎらうために、自分自身にご褒美を与えているのだった。

家事に達成感なし

この実態と思いについては、その後、調査の最終段階としてお伺いしたFさんとGさんの行動を観察することで、より確信を深めることとなった。

Fさんは夫と子供二人と一戸建てに住んでいて、普段は家電メーカーの営業の仕事をしている。とても活発で勝気な一方、子供にやさしくて率直に語ってくれる人だった。Fさんは、土曜日のお休みの日に一日かけて行動観察をした。午前は掃除や布団干しなどで大忙しで、午後になってからは家族（夫、長男、長女）でお出かけをして、娘さんの入学の準備にランドセルを買いに行ったり、学習机を見にホームセンターに行ったりと、休む時間のない多忙な一日であった。

Fさんには、今回の調査で初めて「もうお友達だもんね」と言ってもらえた。それも調査が始まって三時間も経っていないときにである。調査目的をしっかり話して対象者自身のための調査であることを理解してもらうこと、そして謙虚に対象者から学ぶことを心がけた結果、早期に信頼を勝ち取ることができるようになった。

そのFさんを見ていて気付いたのは、土曜日の朝、夫や子供がテレビの前で休日らしくくつろいでいる時間でも、Fさんは掃除などで体を動かし続けていたことである。ここで、それまでにお会いしてきたワーキングマザーがどうだったか振り返ってみた。そこで気付いたのは、どのワーキングマザーも、座っている時間がほとんどない、という事実であった。ハーフタイムの休憩のないサッカー選手のように、家の中を走り回って家事をしている。唯一座っている時間というのは、取り込んだ洗濯物をたたんでいる、ということまた家事をしているときであった。また、かがんでいるときは、お風呂の脱衣室の床を拭き掃除するときぐらいである。これは楽な体勢というより、負担の大きい姿勢である。それで感謝の言葉をもらうこともないのだから、体力的に大変なだけでなく、心理的にも相当大変なはずである。Fさんの言葉がそれをよく表している。

「家事は達成感がないですね、私の中では」

「褒められようなんて思ってないです。主婦になったら家事は宿命ですよね」

家事に達成感がない、という言葉には重みがあった。家事は毎日続く仕事である。しかも終わりがない。掃除、洗濯、ご飯の用意は、ずっと繰り返し続く仕事であり、「ある時点で成し遂げたことを振り返る」タイミングがない。完璧にこなして当たり前であり、落ち度があれば指摘される。これでは「家事で達成感を感じよう」というほうが無理であろう。

「自分へのご褒美」はFさんにもあった。それはエステに行くことである。Fさんはエステに行って、「他人にいろいろしてもらって、大事にしてもらうのが嬉しい」と言う。つまり、先ほどのビールを飲みながら調理をしていたEさん同様、ポジティブなフィードバックを求め、それが満たされることで充実感を感じていたのである。

心理学の分野では、普通の人間は「他者評価よりも自己評価が高い」ことがわかっている。つまり、自分についての評価は、他者による評価よりも、自分自身による評価のほうが高い、ということである。たとえば、「あなたがこの病気になる確率は、他の人に比べて高いと思いますか？ 低いと思いますか？」と訊かれたら、だいたいの人は「他の人に比べて低い」と答える。病気になる確率は、普通の人であれば本来は同じである。しかし、自己評価のほうが高いので、「私は普通の人よりもその病気にかかりにくい」と答える。

他にも、「自己評価が他者評価よりも高い」ことを示す研究結果は膨大にある。たとえば、「私のクルマの運転テクニックは、平均以上だ」と思っている人は八〇％以上もいる。

つまり、人間はみんなある程度自信過剰である。「自己評価が他者評価よりも高い」という事実が何を意味するかというと、本人の立場から見ると「なぜ自分はすごいのに、他人はあまり評価してくれないんだろう」と感じられ、他人の立場から見ると「なぜあの人はそれほど実力もないのに、自分ではすごいと思っているんだろう」と感じられるということである。

このように「ある程度自信過剰」なのが人間であるが、ワーキングマザーについては、こういったレベルを超えてしまっていて、あまりにも正当な評価を受けなさすぎていると感じられた。家族のために身を粉《こ》にしてがんばっていながら、ここまで理解されないのはなぜなのだろうか？

これだけ厳しい環境に置かれながらも、Ｆさんは言う。

「〇〇ちゃんのママ、とだけは言われたくない」

お母さんにはサンタは来ないの

最後に伺ったのはＧさんのお宅である。Ｇさんはモデルのようなすらっとした人だった。三歳の娘さんがいて、営業の仕事をされている。ここでもじっくりと実態を見た上で、本音を聞くことができた。

クリスマスが近い季節だったこともあり、マンションの部屋にはクリスマスの飾りつけがなされていて、とても華やかである。Gさんも、徒歩三分の駅まで娘を迎えに行ったCさん同様、三歳の小さな娘さんの安全性についてはかなり不安を持っているようだった。

「この子がきちんと大きくなってくれるか、とても心配。おかしな事件も多いし」

そして、クリスマスの飾りつけに囲まれた居間で、Gさんが娘さんにつぶやいた一言は、いまでも耳に残っている。

「いいねえ、○○ちゃんにはサンタクロースが来てくれて。ママにはサンタは来ないの」

この一言も、「ポジティブなフィードバック」がないことを嘆く象徴的な言葉である。本当は、三歳の娘さんにとってのサンタクロースと、Gさんのサンタクロースは同一人物のはずである。すなわち、Gさんの夫である。ここまで、ワーキングマザーの夫の話が出てこなかったが、それはなぜかと言うと、今回の調査において夫が姿を現すことがほとんどなかったからである。平日に夜一〇時前まで調査をしていても、夫はそれまでに家に帰ってこない。たとえばGさんは、子供が寝る九時ぐらいから一一時ぐらいが自分の時間で、夫が帰ってくるのはいつも夜の一一時になるという。また、最初に登場したアクロバット自転車のAさんの夫も帰宅はいつも一一時ごろとのこと。子供を寝かしつけてすべての戦いが終わったAさんがこたつでぐったりしていると、「夫が帰ってきたのに、何をだらだらしているんだ」と言われることがあるという。

つまり、ワーキングマザーの夫は、帰宅するのが遅いために、ワーキングマザーがマルチタスクで早回しで働いている現場を見ることがない。

実態をよく知らないのは、外部の私たちだけでなく、当のワーキングマザーと住む夫も同様であったのだ。これを知った私は、「ワーキングマザーの日常を撮影して夫に見せる」ビジネスを始めようか、と思ったほどである。もちろん、夫にも言い分はあるだろう。「俺のほうこそ、多忙にしている日常を撮影して妻に見せたい」と。それもごもっともである。つまり、お互いの日常をよく知らないということが様々な思い違いや共感が得られにくい環境を作り出している。「サンタが来ない」発言のあったGさんも、夫が共感してくれないという話をしていた。以下の発言は、キッチンの片付けをしながら語ってくれた言葉である。インタビューの途中でも、手を止めるわけにはいかないのが実態なのである。

「(家事を手伝ってほしいという意味で) 私忙しいんだけど、と夫に言うと、じゃあそこに座りなさいよ、と言われてしまう。手伝ってほしいとはっきり言えばしてくれるけど、毎日言うのもどうかと思う」

「仕事の愚痴を夫にすると、じゃあ仕事辞めればいいじゃないか、と言われるので、愚痴は友達に言う」

そういうGさんが達成感を感じるのはどういうときであろうか？　それは「友人と情報を交換するとき」だと言う。たとえば、「美味《おい》しいパン屋さんを見つけたよ」という情報を友人に教えて、その友人からその店のパンを食べて「美味しかった！」と言ってもらえたときに、とても充実した気持ちになるという。ときには、自分でそのパンを買ってきて友人にプレゼントするときもあるそうだ。主婦の間では口コミがとても重要な情報源であるが、そこにはこういった背景もあったのである。

また、Gさんの仕事は営業だが、会社に出社しないといけないのは一週間に一度程度である。そのときにはめいっぱいおしゃれして、ビジネス街にある会社にさっそうと出社する。そしてそういうときには自分が社会とつながっていることを感じるという。Gさんにはこういう発言もあった。

「結婚して一度働くのを辞めたときには、何を買うにも夫に気兼ねしなくてはいけなくて、とても自分が弱くなったように感じた。だから、再び働き始めたんです」

Gさんをはじめとするワーキングマザーが働くのにはいろんな事情があるだろう。ローンを返済するためにやむをえず働く場合もあれば、自分が社会に役立っているという実感を得るために働いている場合もある。もちろん、その両方の場合も。

ただ、どのワーキングマザーにも共通しているのは、「何らかのポジティブなフィードバックを得たい」ということである。たとえそれが「お勧めのパン屋は美味しかったよ」でも、どんなことでもよい。何らかの形で「あなたはすごい」というフィードバックを、まるで砂漠で水を求めるかのように渇望している。そしてそれがなかなか得られないから、まるで埋め合わせをするかのように、「ご褒美にビールを飲む」「エステに行く」というように自分でフィードバックを作り出して「自分で自分を褒める」行動が現れる。前述したように、この心理は人間であればすべての人が持っている。しかし、ワーキングマザーではとりわけこの心理が強烈であった。

私はこのワーキングマザーの調査の件を講演で話すときには、最後に必ずこう言うことにしている。

「今日、家に帰ったら必ず奥さんの家事を褒めたり感謝の言葉を言ってください」

いろいろな形で「正のフィードバック」を得ようとしているワーキングマザーであるが、誰から褒めてもらったり、感謝の言葉をかけられることを願っているかというと、それは一緒に暮らす家族である夫や子供ではないか、と思う。

「いや、そんなことはわざわざ言わなくても感謝しているし、充分伝わっている」と思う人もいるだろう。しかし、一度感謝の言葉を言ってみてほしい。何かが大きく変わるはずである。

この調査をしているとき、主婦向けのある雑誌を見ていて発見をした。それは、「この紙を切り取って冷蔵庫に貼っておきましょう」という付録である。その紙には以下のように書かれていた。

「あなたは充分がんばっていますよ」

「おかず一品多いより、家族にはママの笑顔が大切」

商店街に自転車を飛ばして買ってきたお惣菜を、娘から「これ美味しくない」と言われていたときのAさんの表情を思い出して、これを読んだ私はぐっときてしまった。

この紙を家に貼るワーキングマザーがいたとしたら、もはや、涙ぐましいほどのいじらしさではないだろうか。

夕食は子供だけで

Gさんを最後にして、ワーキングマザーの調査は終わった。ところで、ワーキングマザーの夕食の取り方を後から振り返って改めてびっくりしたことがある。それは、全部で一〇件の調査対象者の中で、家族が揃って夕食を取っている家は一件しかなかったという事実である。その理由は、夫の帰宅が遅いからというだけではない。ワーキングマザーの家事が限られた時間の中では多すぎて、こなしきれないからである。子供は、母親ともっと長く一緒に時間を過ごしたいと思っているので、調理中も掃除中もまとわりつくほど母親の近くにいたがる。しかし、ワーキングマザーからすれば、子供と一緒だと家事の効率が落ちてしまう。そのため、ワーキングマザーは子供に夕飯を与えておいて、子供だけでおとなしく食べている間がチャンスとばかりに家事をするのである。

夕食を子供だけで食べる家がほとんどというのは、家族にとっては危機的な状況なのではないだろうか？　ここまでくると、一企業の活動だけでどうにかなる問題ではないように思われる。それこそ、企業や、学校や、社会全体を巻き込んでなんとかしなければいけない問題かもしれない。

行動観察は情報の宝庫

今回の調査を通じて、ワーキングマザーの日常は非常にハードで肉体的にかなり厳しいこと、体力を使って家事をしてもポジティブなフィードバックがないので心理的にも負担が大きいこと、そして子供をはじめとする家族に後ろめたい気持ちを持ちながら、もっと仲良くしたいと思っていることがわかった。そして、一日ずっと一緒に過ごすという調査においても、短時間にワーキングマザーと信頼関係を作ることができるようになった。特に調査の後半のワーキングマザーたちからは、あまり話してもらえない深い本音のところをお話しいただくことができた。そして、信頼関係を作ることができるようになったため、「夕食を食べていって」と言われることが増えてきた。ワーキングマザーの一つひとつの行動や言葉は、サービスや商品を考える上で、そしていかにPRするかを考える上で、ヒントや仮説になりうる情報の宝庫であった。

この調査よりも前に、ある家庭用機器のマーケティング調査の比較研究を実施したことがある。アンケートやグループインタビュー、行動観察の三つの調査手法を同時並行で実施し、得られた結果を比較した。アンケートでは、「この機器にもっとどうなってほしいですか？　どういう機能がほしいですか？」と訊き、その結果をまとめた。また行動観察では、実際に家に行って、その機器を使用している場面を詳細に観察した。その結果、たとえアンケートで一二〇人に訊いても出てこなかったニーズが、行動観察では数多く得られた。しかも、行動観察の結果得られた「機器に求められる仕様や機能」を、さらに別の一〇〇人を対象として評価してもらったところ、高い評価を得た。顧客が自分では気付いていない、または説明できない潜在ニーズを、行動観察では抽出できることが明らかになったのである（この結果はデザイン学会の査読論文にまとめた）。

さて、次はいよいよ結果の報告である。クライアントである高倉さんや、まだ半信半疑のその上司はこのアウトプットにどういう反応をするだろうか。

対象者本人に語ってもらう

結果をまとめるにあたっては、ワーキングマザーの行動に込められた様々な課題を仕上げて、それを解決するためのソリューション案を考えた上でプレゼンテーションにまとめた。内容を説明するにあたっては、一つ大事な工夫をした。今回の調査で撮影したビデオを編集し、特に重要な行動や発言を短時間で見せるようにしたのである。単にまとめた結果をスライドで見せるよりも、これは圧倒的な説得力があった。私という人間が語るよりも、ワーキングマザー自身に語ってもらうことのほうが、ニュアンスを含めた実感が伝わったし、聞いている側としてもまるでそれぞれのワーキングマザーに実際に会ったかのように感じてもらえたのだ（もちろん、社内でのビデオ公開については、対象者から了解をもらった）。

この調査結果については何度プレゼンテーションしたかわからない。その後あちこちの部署からリクエストがあって、この調査の話をしたのだ。その結果、サービスや商品開発の改善に役立てられただけでなく、テレビＣＭの内容にまで影響を及ぼすことになった。そしてそのＣＭの評価調査においても、ＣＭの中の言葉は好評を得たのである。

話の途中で女性社員が泣き出した

ある会議でワーキングマザーの調査結果を私が話していると、その会議に出席していた女性社員の一人が泣き出したことがあった。それはちょうど私が「ワーキングマザーは家に帰りついた後、疲労困憊のあまりキッチンに座り込んで、ご飯を作らなければ……とつぶやいているんです」という話をしていたときのことである。どうしたのかと思ってその人に訊いてみると、彼女もワーキングマザーであり、誰にも見られたことはないが、帰宅後にキッチンに座り込むという毎日を過ごしていて、「誰にも話せなかったつらい実態に気付いてくれて助けてくれようとしていること」に対して感動したからだという。

さらに、この結果をある男性社員に説明したところ、「そういうことか！」とはたと膝を打つということがあった。その社員の奥さんもまたワーキングマザーだった。そして話を聞いて、ここしばらく奥さんが不機嫌であった理由がわかったというのである。その男性は「奥さんへの感謝の言葉を言ってこなかった。これから言うようにするよ」と言っていた。その後しばらく経って会ったときに「その後どうなった？」と訊いてみたら、「奥さんが、よくわかってくれた、と言ってたよ」との答えだった。

国際学会で他の事例も含めて発表するときに、このワーキングマザーのビデオに英語の字幕をつけて見せることにした。この英語字幕版のビデオをアメリカ人をはじめとする海外の人に見てもらったが、あるアメリカの調査会社の人たちから、興味深いコメントをもらった。それは「アメリカでも状況は全く同じだ」ということである。彼らも似た調査をしたとのことで、アメリカでもワーキングマザーはほとんど同じ状況だという。

一つの調査でここまで反響があったのは初めてだったが、この調査を通じて行動観察の有効性についてはほとんど絶対的ともいえる確信を持った。それは行動観察をすることによって対象者の生々しい実態を把握するとともに、その背後にある価値観や考え方がわかるからだけではない。ソリューションを考えるときに、一人ひとりの顔が目に浮かび、「このソリューション案はEさんが大喜びしてくれるだろう」「こういう提案は効果があったとしてもBさんは嫌がるだろうな」といったように、反応の予想ができるからである。これは文字通りの「顔の見えるマーケティング」である。

それが可能となるのは、調査から数年経ったいまでもワーキングマザーの一人ひとりの人となりや住まいの雰囲気を完全に憶えているからである。いまでも彼女たちのキーとなる言葉は気持ちの奥に残っているし、それぞれの人の、人としてのありようをいまでも生々しく記憶している。

今後は、付加価値の高いサービスや商品を考えるために、生々しい実態をもとに、深く考える行動観察はますます重要な手法となるだろう。たとえば引越しのサービスを考えてみよう。もちろん、「引越しのサービスを受けている主婦」そのものの現場を観察することも非常に重要である。一方、引越しのサービスがどうすれば付加価値の高いものになるかを考えるために、主婦の（引越しに関係のない場面も含めた）日常を観察することで潜在的なニーズを引き出し、そこから「新しい引越しのサービス」を考えることが、今後は重要になってくるだろう。今後のマーケティングはこのように進化していくはずだ。

行動観察では、「目の前の人をいかにして幸せにするか」というマインドが非常に重要である。そのマインドがあって初めて観察対象者の人との共感が得られ、新しい創造が生まれていく。今回のワーキングマザーの調査で得られた潜在ニーズについて、まだすべてに応えられたとはとてもいえない。これからもワーキングマザーを幸せにすべく、様々なソリューションを考えて実現していきたいと思う。話の途中で泣き出した女性社員に「昔はそういうこともあったね」と笑顔で話してもらえる日が迎えられるように。

2　人でにぎわう場の作り方

行動観察を場作りに生かせるか？

ある晴れた土曜日。気持ちのよい日差しに照らされ、やさしいそよ風を感じる昼下がり。私はあるイベント会場を出たり入ったりしていた。この時間、この周りを歩いているのはどんな人たちだろうか？　そして、このイベントに興味を持ってくれているだろうか？　中に入って、お客さんにどれぐらい展示されている商品を見てもらえるだろうか？　私は目をキョロキョロさせながら、あらゆる人の行動に目を光らせた。そして、ある販売説明員がトイレに行くために持ち場を離れたときの光景を見て、私は心の中で叫んだ。

「それだ！」。

まだ行動観察が世間一般にも全く認知されていなかったときに、私は行動観察の応用範囲をさらに広げたいと思っていた。ワーキングマザーの日常の行動観察で、主婦のニーズを調べてはいた。でも行動観察という手法が活用できる領域は、まだまだあるはずだ。次は販売イベントを新しいフィールドとして調査をしよう。そう決意した私は、知人を通じて、家庭用機器を販売するある会社に行動観察の売り込みをすることにした。

その会社は、一年に何度も販売イベントを開催している、イベントのプロフェッショナルである。しかし、成果が出るかがよくわからない、聞いたこともない手法を、イベントに関して全くの素人で何の知名度もない私が提案して、調査の実施を受け入れてくれるかどうかは未知数であった。普通に考えれば、手間が増えることを受け入れてもらうのはむしろ難しいであろう。この新しい手法にトライしよう、と思ってもらえるかどうかがカギである。

そこで、私は提案をするにあたって、行動観察は「人間に関する知見をベースとした調査である」ことを理解してもらえるよう、準備することにした。事前に文献調査をして、イベントで活用できそうな知見を洗い出し、さらには簡単なブレーンストーミングをして、「たとえばこういうことをすればお客さまに喜ばれると思います」という提案をいくつか事前に作っていった。イベントを運営する側の立場に立って考えれば、効果のないアドバイスをいくらもらっても時間のムダでしかない。経験もない人から役に立たないアドバイスをもらうぐらいなら、自分のそれまでの経験をもとに、自分の思うようにイベントを運営したいのは当然である。そこで、「イベントを運用するみなさんがよりハッピーになるための調査である」ことを強調して説明をすることにした。

ある日の夕方、窓がないながらもしっかりとした応接セットのある会議室で、二人の担当者と話をして、準備をした資料で具体的な提案を例示しながら調査実施の依頼をした。その結果、調査にGOが出た。根拠云々よりも、こちらの並々ならぬ熱意を感じてもらえたことが大きかったのだろう、といまでは思う。

というわけで、行動観察の場作りへの応用の最初の事例として、イベント観察を実施することになった。新しいフィールドを切り開き、行動観察の適用範囲を広げるためには、いかによいアウトプットを出すかにかかっている。そして、そのよいアウトプットを、イベントを運営する人たち、イベントの設計をする人たちに受け入れてもらわなければならない。どれだけよいソリューションを提案しても、現場の人に納得して受け入れて実施してもらえないと売り上げなどの成果は出てこない。様々なハードルはあるが、心配していても何も成果は出ないので、とにかく前を向いて動き出すことにした。このとき、「心配をすれば成果があがる」のであれば、私は喜んでいくらでも心配をしたであろう。しかし時間のムダに思われたので、「走りながら考える」ことを選んだ。

イベントでは観察することがいっぱい

私は熱い思いを胸に抱いて、イベントの初日の会場に立っていた。この販売イベントは四日間あり、その会社の会場で家庭用機器を販売する。今回のイベントのために会場の配置が設計され、八〇種類を超えるであろう様々な機器が広い会場に置かれていた。受付や販売の人は五〇人近くいる。朝礼の後、イベントの初日が始まり、お客さんがたくさん入ってきた。私は会場を出たり入ったりしながら、多くの人の行動を観察していた。初日の観察だけで、このイベントの売り上げを上げなければならない。行動観察の方法の有効性を証明するためには、目に見える成果を出すのが一番である。私は、ひたすら行動観察を続けた。

ワーキングマザーでは、観察対象は一人ずつであった。しかし、イベントでお客さんはたくさんいるし、従業員側の行動も気になる。観察対象の人数は膨大である。どれだけ集中して観察をしても、すべてを把握できるわけではない。そこで重要となるのは、「いかにたくさんの情報の中から有効な情報を得るか」である。そのためには、様々な観点で現場の実態を見なければならない。そのときは、アシスタントの谷川恵美さんと一緒に観察を行っていたので、新たな観点を得る上で、彼女にはいろいろと助けてもらった。

ほとんどのお客さんが逆向きに歩いている理由

観察していて、私はすぐにあることに気付いた。それは、お客さんの流れである。会場には入口と出口が隣り合わせで設置されていた。このイベント会場を設計した人は、当然、お客さんは入口から入って出口から出るものとして様々な機器を配置していた。しかし、出口から入っているお客さんのほうが多いように見受けられた。そこで、谷川さんと一緒に、お客さんの入る人数は入口と出口でそれぞれ何人か、時間を決めてカウントすることにした。その結果、出口から入る人が約六〇%と、入口から入る人よりも多かった。

これではお客さんは当初のイベント会場設計者の想定と逆方向で会場を回遊することになる。イベント会場設計者は、お客さんが会場で何をどういう順序で体験するかを考えて会場をデザインしているので、それが逆向きに体験されると、せっかくの意図が台無しになってしまう恐れがある。そこで、逆行するお客さんの行動を詳細に観察しながら、その原因を考察し、どうすれば人の流れを意図通りにすることができるかを考えた。その結果をもとに、三つの提案をすることにした。

一つ目は、入口付近の機器展示のアレンジの変更である。入口にたどり着くまでの経路を何度も通ってみて、会場の入口と出口がどのように見えるのかを確認した上で、人が自然と入口に向かえるよう、入口付近の簡易展示の置き方を、誘導する形に変更した。

二つ目は販売員の立ち位置である。入口では販売員がお客さんを迎えるために立っていた。逆に出口では待ち構えている販売員はいない。お客さんの立場で考えると、販売員と話をするよりもまずは商品を見たいので、会場に入るやいなや販売員につかまるのは望ましくない。そのため、販売員と話さずに入場できるように、出口から入っていた。というわけで運営のスタッフにお願いして入口付近でお客さんを待ち構えるかのように立つのをやめて、逆に出口側付近に立ってお客さんにご挨拶するようお願いした。

三つ目は、視覚の問題である。会場には一番人気のコーナーがあり、それは会場に入ろうとする場所からよく見えた。そこで問題だったのは、出口からのほうがその人気コーナーに早く行けそうに見えることだった。そこで入口付近からその人気コーナーがどこにあるのかは直接はわからないようにして、まずは入口のほうに入ってもらうことにした。

三つの提案を固めた私は、まずはお客さん対応に忙しい現場のスタッフに直接お願いしてみた。すると、「忙しくて私は助けられないけど、自分でするのなら実験的にしてもらっていいよ」と即答してもらった。そして私と谷川さんとで三つの改善を施した。改善を施した後、再び谷川さんと二人で「入場者のカウント」を実施した。その結果、入口から会場に入る人が約八〇%になった。こうして、来場者の流れが、イベント会場設計者の意図通りに修正され、お客さんには当初想定していた体験をしてもらえるようになった。これらの三つの提案を即座に受け入れてもらえたのは、ひとえに現場スタッフの柔軟性によるものである。

説明ボードを見てもらうには？

イベント会場には、様々な説明ボードが用意されていた。販売する側としては、お客さんにぜひ読んでもらいたい情報である。しかし、ボードによっては全く見てもらえていないものもあった。そこで、どうすればもっとボードを見てもらえるか、を検討することにした。

観察をしていると、お客さんはボードの内容に関心を持っていることがわかった。しかし、ボードの高さや他のお客さんの問題でじっくり見ることができないでいた。

まず、ボードの高さがお客さんの目の高さより少し高い位置にあった。じっくり読もうとすると、お客さんは首を上に向けなければならない。その体勢を維持するのは疲れるので、人は無意識に見続けるのをやめてしまっていた。また、ボードを見るときの立ち位置が他のお客さんの通路にもなっているため、せっかくボードをじっくり見ようとしても、他のお客さんにたくさん通られると落ち着きがなくなってきて、結局はその場を立ち去ってしまっていた。ここでは環境心理学のゲイリー・エバンス教授の教えが役に立った。

それは「人間の周りにはパーソナルスペースという空間があり、知らない人間に近い距離に入ってこられると不快に感じる」という内容である。物理的な場所の配置の関係上、その場所でボードを見ていると「親しい人にのみ許されるパーソナルスペース」をすぐに侵されてしまう。文化や個人によって違いがあるが、通常は親しい人にしか許されない距離は四五センチである。たとえば夫や妻がその距離の範囲内に入ってきても別に問題はないが、他人である別のお客さんがその距離に入ってくると不快に感じ、その場所を立ち去ることになる。ボードの高さはすぐには変えられないし、ボードを見る人の立ち位置の問題も、その場ですぐに改善するのは難しい。そのため、その日のイベントの終了後に変更をお願いすることにした。

イベント会場は情報に満ちている。先に、八〇種類以上もの機器が展示されていると説明したが、それだけの展示機器と、様々な説明ボード、そして説明員も情報であると考えると、かなりの情報量になる。お客さんは、会場に来ることで、この情報の渦の中に巻き込まれることになる。この会場にあふれる情報のうち、いったいどれぐらいの情報をお客さんは取り入れて会場を出ることになるのであろうか? 「情報を提供できない」というのは、お客さんにとっては「その情報は存在しない」のと同じである。

あなたは、オリンピックの時期に様々なスポーツがテレビで放送されるのをご覧になることがあるだろう。その中で「男子カーリング」の存在を知っているだろうか？　カーリングというのは、ご存知の通り、氷の上で取っ手のついたストーンを滑らせて戦うチーム競技である。カーリングは女性だけが行うスポーツだと思ってはいないだろうか？　実は、オリンピックでは男子カーリングも実施されている。しかし日本からは女子チームしか出場していないので、日本で男子カーリングの試合は放送されていない。だからほとんどの人がその存在すら知らない。このように、「情報を知らない」ということは、その人にとってそれは「存在しない」のと同じである。ちなみに、日本にも男子カーリングのチームは存在するし、かつてはオリンピックにも出場していた。ぜひ日本の男子カーリングを知らしめるべく、がんばってほしい。

会場の情報のうち、お客さんはほんの数％も持ち帰っていないかもしれない。情報を多く持ち帰ってもらうためには、当たり前だが効率的な情報伝達をしなければならない。ここで私は、恩師の一人であるアラン・ヘッジ教授が講義で言っていたことを思い出した。

それは、人間の情報処理能力がいかに限られているか、情報量が増えることによってどういうことになるか、という内容である。「ヒックの法則」によると、「人間の意思決定にかかる時間は、選択行為におけるエントロピー量に比例する（$T = b\log_2(n + 1)$）」。

たとえば、ジョーカーを除くトランプを一セット手に持っているとしよう。すべてのカードを、ただただ一枚ずつテーブルに置いていくのにかかる時間を仮に六〇秒としよう。次は、手にあるトランプのカードを、テーブルに置くときに、赤いカード（ハートとダイヤ）と黒いカード（スペードとクラブ）を分けて、それぞれ別の場所に置くとする。すると、かかる時間はどうなるか。ただ一枚ずつ置く場合と比べて時間は増え、約九五秒かかってしまう。さらに、赤いカードと黒いカードを分けるだけでなく、絵札と絵札でないカードも別に分けるとしよう。つまりカードを四つの山に分けるとどうなるか。時間は最初の二倍の一二〇秒かかる。さらに、ハート、ダイヤ、スペード、クラブもすべて分ける、奇数と偶数でも分ける、といったように判断する情報の量を増やすと、どんどん時間がかかっていく。

つまり、情報量が多い場合、効率的に判断して情報を持ち帰ってもらうには様々な工夫が必要となってくる。この問題を解決するために、イベント側でできることは、情報を見るための負担をなるべく軽くすること、そしてなるべく長い時間会場で過ごしてもらえるようにすること、そして情報量そのものを絞ること、があげられる。

ガードマンか説明員か

お客さんの行動をつぶさに見ている中で、ある販売説明員がトイレに行くために持ち場を離れたとき、私は心の中で叫んだ。「それだ！」。

イベント会場のある一角に横に長い展示スペースがあり、様々な機器がずらりと並んで展示されていた。数人の販売説明員が、それぞれの機器の前に立ってお客さんに説明をしていた。

そして、ある販売説明員がトイレに行くために機器の前を離れた瞬間に、それは起こった。説明員が離れるやいなや、中年の夫婦二人が機器を見るためにそのスペースに滑り込むかのように入ってきた。そして、じっくりと機器を触り始めたのである。

販売説明員の立場から考えれば、できるだけ機器のそばに立って、見にくるお客さんに説明したいところであろう。しかしこれが逆の効果を生んでいた。つまり、お客さんの立場から考えると、説明員は「商品を自由に見たり触ったりするのを阻む存在」になってしまっていた。このままでは、説明員は意図せずして「展示品に触るのを阻むガードマン」になってしまう。そこで、私は説明員の立ち位置を変更すれば商品をもっと見てもらえることに気付いたのである。

イベントの後の振り返り会で

初日のイベントが終わるとイベントに携っていた人全体の夕礼があり、その後にイベントを運営しているメインスタッフの振り返り会が行われた。私は少し離れたところでそれを聞いていたが、その会の最後にスタッフからコメントを求められた。私は、その日で一番大事な瞬間が訪れたと考えた。すでに様々な気付きを得て、有効そうなソリューションの案もすでに手の中にある。「現場の人たちにいかにソリューション提案を受け入れてもらうか」についての正念場がやってきた。会場を改善するためには、「会場や運営に、こういう課題があるので、こう改善すべきだと思います」と言うべきなのであるが、私が最初に言ったのはこういう内容である。

「みなさん、お疲れさまでした。みなさんのご活躍には頭が下がるばかりです。たとえば、会場の設計については、こういう点を大変考えて工夫されていて驚きました。また、運営ではこういう点が素晴らしかったです」

改善点はもちろんあるが、それ以上に「さすがイベントのプロ」と唸《うな》る素晴らしい点のほうが圧倒的に多かった。私は、図らずも、気付いた素晴らしいノウハウについての話をしていたのである。スタッフたちは、私が話しているときに、どちらかというと不思議そうな顔をしていた。「よくわかってくれているなあ」というよりも、「この人はいったい何を言っているんだろう」と感じていたのだろうと思う。その話をひとしきりした後、改善案について話し始めた。一つは、ボードの位置の話。そして、販売説明員の立ち位置の話、その他もろもろである。

私の話が終わると、スタッフたちはすぐ「じゃあ、それやってみよう」と立ち上がり、作業を始めた。ボードの高さを変えたり、そして什器《じゅうき》を移動させて会場のアレンジを変更したり。

私は知らなかったのだが、彼らはよりよい会場作りをするために毎日振り返り会の後に会場を全員で改善していたのである。その改善に私の意見を取り入れてもらえたのは、感激であった。提案内容がスタッフたちの感覚と合致していたのかもしれないが、それよりも何よりも、外部からやってきた人間の意見であっても、よさそうだと判断すればすぐに取り入れる度量が素晴らしい。私も什器を動かしたり、ネジ回し片手に造作を手伝ったりして、現場の改善は終了した。すっかり遅い時間になってしまっていた。販売説明員の立ち位置の件は、入口での立ち位置の話も含めて、二日目の朝礼で伝えてくれるという。

立ち位置の変更だけで売り上げが三倍に

そしてイベントは二日目を迎えた。改善の効果はどうだろうか。

まずは説明ボードの改善について。説明ボードはいくつもあるが、前日のうちに特に重要なボードを選んでもらい、それを一番の人気コーナーの近くに配した。なぜならば、そこには行列ができるので、並んでいる間にじっくりと見てもらえるからである。その他のボードは、なるべくパーソナルスペースが守られる場所に配置した。別のあるイベントでは観葉植物を置くことで木陰となる場所が、パーソナルスペースを守るのに絶好の場所となり、滞在時間が二倍以上に延びたケースもある。

また、劇的な効果が得られたのは、販売説明員の立ち位置である。販売説明員はそれまで機器を置いたディスプレイを背にして、お客さん側に向いて立っていた。これでは機器を見ようとするとお客さんは販売説明員のパーソナルスペースの中に入り込まなければならない。そこで、販売説明員にはディスプレイから離れて、通路を挟んで逆側に立ってもらうことにした。すると、お客さんは自由に展示機器にアプローチできる。

カウントしてみると、機器を見ているお客さんは同じ時間当たり五倍に増えていた。そして、その機器の売り上げは三倍になった。商品そのものは同じであるし、改善の前後で値段も全く同じである。それでもイベントの場作りや運用を少し変えるだけでこれだけの売り上げの違いが生じる。売り上げの向上という最もわかりやすい成果を出したことで、私はスタッフたちから信頼を勝ち取ることができたと肌身で感じた。

説明員の数と見やすい展示

しかし、まだ大きな課題が残っていた。それは販売説明員の人数の問題である。観察をすればするほど、販売説明員の人数が多すぎるのではないか、と思われた。立ち位置を改善したとしても、時には説明員の人数がお客さんの数に対して多すぎて効果が出ないときがある。ある時間帯には、お客さん一人に対して説明員が一三人もいるケースもあった。このときにお客さんがどういう行動を取るか、よくよく観察した。するとお客さんは説明員と目を合わさないようにして、足早に去ってしまっていた。私は率直にスタッフの一人に訊いてみた。

「説明員の人数はどういう風に決めるのですか?」

「お客さまがたくさん来られているのに、説明員の人数が足りないせいで接客できない、ということがないように、充分な人数の人に来てもらっています」

「説明員の一日の勤務時間はどれぐらいですか?」

「全員終日いますよ」

これで実態がわかった。つまり、来客数のピークに合わせて説明員の人数を決め、そしてすべての説明員はお客さんの人数に関係なく終日会場にいた。そこで、時刻によって来客数がどれぐらい違うのか、時系列的にデータを取ってみた。その結果、一日で見ると来客数は大きく上下していてピークが三つあり、来客のピーク時と少ない時とでは四~五倍もの差があることがわかった。このため、ピークには最適に見える説明員の数も、ピークが去ると、とたんにバランスが崩れ、説明員は再び「展示品に触るのを阻むガードマン」と化してしまっていた。

コンビニエンスストアに入るのを躊躇する人はあまりいないと思うが、それには理由がある。通常、コンビニでは雑誌が置かれているコーナーが店の外から最も見やすいところに配置されている。コンビニの前を歩いている人からは、店内で雑誌コーナーにいる人がよく見える。もし、入口から見ると店員が一三人いて、客が一人もいない店があったとすれば、あなたはこの店に入りたいであろうか？　かなり勇気がいるはずである。コンビニは店員よりも客の数のほうが多いことを提示することで、入りやすい空間を演出している。それと同様に、このイベントではお客さんの数が少ない時間帯には、お客さんがイベント会場に入りにくくなり、売り上げに悪影響を与えていたと考えられる。

柔軟で優秀なスタッフがなぜこうした運用をしているのだろうか？　その理由は「プロスペクト理論」で説明できる。プロスペクト理論とは、ごくごく簡単に言えば、「人間は得をすることよりも、損をすることを過大に評価する。そのために、得をしようと意思決定するよりも、損をしないように意思決定する」ということである。たとえば、自分の持っている株の値段が上がったとしよう。まだ値段が上がる可能性があっても、早めに売ってしまって「得」を決定してしまおうとするのが人間である。なぜなら、もし株が下がってしまったら、いまの「得」を失って「損」をするかもしれないからである。逆に、株の値段が下がったらどうなるであろうか。この場合は、このままではまだまだ下がる可能性があるのに、なかなか売ろうとはせずに損害を大きくするのが人間である。なぜなら、値段が下がった状態で売ってしまうと、自分の「損」が確定してしまう。

販売イベントのスタッフも、「せっかく来ていただいたお客さまが、接客を受けずに帰ってしまった」という「損をした経験」を非常に大きく評価してしまう。そのため「接客を受けずに帰ってしまうお客さんが生じない状態」を維持しようとする。

我々はこの問題をその後の別のイベントにおいても目撃することになる。この点については何度説明をしても、現場のスタッフに取り入れてもらえることはほとんどなかった。昼食のために説明員が一時的に減った時間に売り上げが上がった実態を示しても、運用を変えることはなかった。つまり、理屈やデータが正しさを示していても、自分の考えと合わない提案内容は、現場の人たちが受け入れてくれるとは限らないのである。

様々なイベント観察での気付き

このイベント観察が成功に終わった後、伝え聞いた他の部署からも観察の依頼があり、かなりの数のイベント観察を実施した。様々なイベントの観察結果から興味深い気付きをいくつかご紹介したい。

キッズコーナー

ある機器販売のイベントにおいて、週末に観察調査をしていたときのことである。土日は子供連れのお客さんが多いが、子供は機器に興味がないのでとたんに退屈し始める。することがないので「早く帰ろう」と親の袖を引っ張る子供もいた。そのため、両親がじっくりと機器を見たり、検討したり、商談したりすることを阻害する要因になっていることが多かった。そこで、キッズコーナーを作ることを提案した。あまり広くない会場ではその場所を確保するだけでも厳しいが、その価値はあった。また、そのキッズコーナーをどこに設置するかが非常に重要である。ワーキングマザーのときに得られた気付きであるが、親は子供のセキュリティを非常に気にしている。商談をするときであっても、自分の視界の範囲内に子供が見えないと親は安心して話ができない。そのため、キッズコーナーはイベント会場の真ん中に設置し、会場のどこにいても見えるようにした。いまではキッズコーナーは自動車のディーラーなどでも当たり前のようにあるし、最近ではお母さんがゆっくりと友人と話せるようにキッズコーナーがある居酒屋も出現している。

一番簡易なキッズコーナーとは？

あるイベント会場では、集客に苦労していた。その会場はある娯楽施設の一部を借りた場所にあった。イベント開催日は土日ということもあり、周りには子供を連れた家族がたくさん歩いていた。しかし、機器を買うためというよりも、娯楽施設が目的で来ているため、イベント会場に入ってくれる人が少なかった。そこで、私はしばらく考えた。この場所で集客するいい方法はないだろうか？

前述のようなキッズコーナーがあれば有効なのだが、会場は狭くてキッズコーナーを作る場所はない。もし設営できたとしてもすでにイベントは始まっており、いまからコーナーを作るのは無理である。そこで、私はあるものがあれば集客できる、というひらめきを得た。場所が娯楽施設なので、おもちゃ屋や雑貨屋などが施設内のあちこちにあった。それらのお店を次から次へと回って探したところ、あるお店で目的のものを見つけた。五〇〇円でそれを手に入れ、さっそく会場に持ち帰って試した。すると、集客が一三倍以上になり、会場は子供と大人であふれかえった。

私が買ってきたものは何だったのか？　それは「積み木」である。色とりどりの積み木を、会場の通路側のテーブルに置いた。とたんに子供が寄ってきて遊び始めた。積み木は、男の子でも女の子でも関係なく遊べて飽きることがない。子供が熱心に遊んでいる間に、その両親にはじっくりと商品を見てもらえる。積み木を置いたテーブルは、最も簡易なキッズコーナーとなった。この方法はコストも安い上に、大型イベントなどの場所で実施しても有効であった。

午前は四台、午後は三四台

ある会場で観察しているときのこと。目玉商品として、その場お持ち帰りで格安になる商品があった。人通りも多い場所で、通路に沿って展示しているのだが、午前中の売り上げは四台のみであった。「もっと売れるはずだ」と思った現場スタッフたちは、昼前にさっそくレイアウトや展示の仕方の変更を行った。残念ながら、それでも商品を見るために立ち止まってくれる人は増えなかった。

そのときは私以外にも研究所のメンバーである小園真由さんが観察に来ていたのだが、小園さんが素晴らしいアイディアを出してくれた。それは、人の往来のラインを左右の直線とすると、その上にV字形になるように商品を配置するという策であった。そうすることで、左から来る人も、右から来る人も、商品を目に入れやすい。

さらに、目線をひきつける方法として、そのV字形の先端のところに、その会社のCM

タレントの等身大パネルを置いた。人間は、「人の顔」への感度が高いため、白い紙に点が三つ描いてあるだけで、「目が二つ」と「口」と思ってしまうぐらい、顔には敏感に反応する。小さい子供に人間を描いてもらうと、顔が非常に大きくて、目も口もしっかり描かれるが、体は手も足も一本線で描かれて二頭身だったりする。つまり、小さい子供のときから、人間は「人の顔」をよく観察している。この効果を利用して、正面から見ると人間の顔に見えるバイクも発売されている。歩行者に、バイクの存在を遠くからでも敏感に気付いてもらう効果を見込んでいるのだと思われる。等身大パネルも、この効果を狙って置いた。顔に注目し、目線を商品のほうに持ってきてもらう機会を増やそうと考えたのである。

この方法は成功を収め、午前の売り上げが嘘のように、商品が売れ出した。現場の販売スタッフはあわてて在庫を補充するためにクルマを飛ばすことになった。結局、午前は四台だった売り上げは、午後だけで最終的に三四台売れた。

現場の人に怒られる

販売イベントの観察調査は、すべてが順調だったわけではない。新しい会場に行って新しいスタッフと会うたびに、依然としてイベントの経験が少ない一人の人間に過ぎない私は、信頼関係を作ることから始める必要があった。そんな中、ある事態が起こってしまった。その会場でも、私とアシスタントの谷川さんはありとあらゆる角度から観察をしていた。日曜日のイベントで、子供連れの家族が多かったが、その会場にはキッズコーナーを作るスペースが取れなかったので、我々は「積み木」を持参し、あるテーブルに置くことにした。三〇分ほどしてからそのテーブルのところに行ってみると、私が並べた積み木が消え去っていた。近くにいた年配の販売スタッフに、

「ここに置いてあった積み木をご存知ありませんか？」

と尋ねると、いきなり私は叱られてしまった。

「君か！　ここに勝手に何かを置いたのは。そんなものはもう片付けた。お客さまのためにテーブルの上はきれいにしておくものだ」

「すみません、子供さんに遊んでもらおうと思って置いたんですが……」

「昨日今日に急に来た人間に何がわかるというんだ。私はこの道二〇年やっているんだ！」

私は不意を突かれてすぐにはどうしてよいかわからなかったが、ここは安易に引くべきではない、と考えた。積み木がこれまでのイベント会場で百パーセント成功していたこともあるが、この年配のスタッフの「お客さまのためにきれいにしておくものだ」といった

言葉には、「顧客志向」が強く感じられたので、意図を丁寧に説明すれば理解してもらえるだろうと思ったのである。細かい妥協をするのは構わないけれども、とても大事にしている点では妥協はしたくない。すべては「顧客志向」である。

もちろん積み木を置くことについてはそのスタッフの上司から了解を得ていたのだが、ここで「すでに上司の方からは了解をもらっておりますので」という言い方は避けた。それよりも、「お客さまがじっくりとよい時間を過ごしてもらうための積み木」であることを丁寧に説明した。その結果、そのスタッフと私のゴールが同じ「お客さまのため」であることを理解してもらい、積み木を再び出してもらって配置することができた。その後子供がそこで遊び、親がじっくり商品を見る時間を楽しんでもらえるようになった。

この経験は私にとって非常に大きかった。私が危惧していた「イベントのプロである現場の人に、私の提案内容を納得して受け入れてもらえるか」という点について、現場の人の気持ちを受け止めたことで、そのエネルギーを「イベントを成功させる」方向に持っていくことができたからである。その後も、「細かい妥協はしても、本質的なところでは妥協はしない」は私の行動規範となった。

会場作りの先生に

イベント会場を多数回って観察調査を続けているうちに、様々なソリューションが見えてきた。そして、イベントを成功させるための全体構造も見えてきた。非常に単純化して言えば、それは、

「来場：お客さんにたくさん来てもらう」

←

「滞在：会場に長くいてもらう」

←

「閲覧：商品を見てもらう」

←

「購入：買ってもらう」

というフローである。次のステップに移るにしたがって、実行してもらえるお客さんの数は減ることはあっても増えることはない。イベントの成功は、最初の来場数をいかに増やすか、そして次のステップに移ってもらえるお客さんの率をいかに高めるか、ということにかかっている。

また、現場で効果があることが実証された様々なソリューションはデータベース化し、

会場を設計するスタッフ全員で共有すべきだと考えた。あるスタッフに、このノウハウデータベースを大変気に入ってもらい、一つの会場を設計するときにすべて取り入れてもらうことができた。すると、その会場での史上最高の売り上げを記録する、ということもあった。

しかし、すべての会場に改善の余地があったわけではない。ある会場は、イベント会場の配置や作り方に非の打ち所がない上に、運用もきめ細かい配慮がされていて、完璧であった。それまでの経験と深い洞察力とでサービス現場をハイレベルに作っている人は多い。つまり問題は、各担当者の中に閉じているノウハウをいかに共有するか、ということである。

その後、私や小園さんが先生役となり、得られた会場のノウハウをお教えする勉強会をかなりの回数行った。また、会場の図面を事前にチェックして、さらなる成功のためにアドバイスを始めた。そして、イベント会場作りのための一般向けの講習会も始めた。行動観察をする人間は、最初は現場のプロに学ぶ弟子なのだが、最後はそのノウハウを解き明かして他の人に伝える役割をすることになる。

つまり、短期間に弟子から師匠にならなければならない。落語の世界では弟子は師匠の家に住み込んでじっくりと時間をかけて師匠の行動から学ぶ。一方、ビジネスではスピードが求められる。取りこぼしているポイントはいくつもあるだろうけれども、行動観察で大事なポイントをまずはしっかり押さえて共有することが重要であろう。

販売イベントは、スタッフがかなり時間をかけて準備して、またイベント期間中にも様々な改善を加えながら、最高の成果を出すべく全員の力が注ぎ込まれる。ただ、いったん終わってしまえばすべては消えてしまう。すると実施された工夫、気付き、蓄積などは、熟練者の頭の中には残っても、見える形では残されてこないことがほとんどである。

それは無理もない。最後のお客さんがイベント会場を後にするまで、そして会場の片付けが安全に完了するまで、スタッフは睡眠を削って働き続けている。終わった後には、また次のイベントの準備が待っている。そんな中、ノウハウの蓄積を「見える化」する仕事まで現場に求めるのはさすがに難しいのが実情である。

イベントの設計・運用も、他の行動観察調査と同様に、行動観察による実態の把握、分析、改善の実行、と続いていくが、最後はノウハウの共有のための「人材育成」が重要となってくる。サービスを科学していくと、最終的には人材育成に行き着く。つまり、得られたノウハウや知見をどう現場に受け入れて実践してもらうか、という点がとても重要なのである。

3　銭湯をもっと気持ちのいい空間に

激しいサービス競争の中で

塀で囲われているが、緑のある広い静かな空間。見上げれば雲一つない青空が広がっている。ここはまるで時間が止まっているかのようだ。かすかに聞こえる水の流れる音だけが、確かに時間が流れていることを知らせてくれる。私は裸だ。何も身に着けていない。その空間にいる他の人たちもみんな裸で、ほとんどの人は日陰に裸のまま横になっていて、話をしている人はいない。たぶん眠っているのであろう。原始時代の人間の生活もこんな感じだったのかもしれない、と思っていると、突然にぎやかな笑い声がスピーカーから聞こえてきた。私は原始時代から、現代のお茶の間に連れて来られたように感じた。

私がいるのは露天風呂である。それも、旅館ではなく、住宅街の中にあるスーパー銭湯の露天風呂だ。平日の昼間なのでそんなに混んではいない。非常にのんびりとしたひとときである。この露天風呂には薄型のテレビが設置されている。スピーカーから聞こえてきたのは、お昼のテレビの音声で、なにやらお祭り騒ぎのようなバラエティ番組の音が露天風呂に響き渡っていた。木陰で眠っている人たちはそんな音などまるで存在しないかのように静かに寝転がったままだ。
しばらくすると、テレビの番組が、にぎやかなバラエティから奥様向けのドラマに替わった。そのドラマは豪邸と愛人と怨念がキーワードになっているかのようなウェットな内容で、おどろおどろしいストリングス系の音楽と、慇懃《いんぎん》無礼な台詞《せりふ》が露天風呂にこだまし始めた。番組が替わったことでその露天風呂の場の空気が、「にぎやかなお祭り」から「複雑な人間関係の交錯」へと一変した。さて、この露天風呂はどうすればもっとお客さんに喜んでもらえる空間になるだろうか。この時間、テレビの放送は流れているが、見ているのは私だけだ。次の日の夜、同じように露天風呂にいた私は、ある番組のときだけは大勢の人が釘付けになってテレビを見ている事実を発見する。

スーパー銭湯の行動観察調査を依頼してくれたのは、関西でスーパー銭湯「源気温泉おゆば」を展開しているオーユーデーという企業である。私のことが掲載されたある記事を見たオーユーデーの畠山光夫さんという人からすぐに連絡が入った。ちなみに畠山さんはかつて「伝説の営業マン」と言われた、サービスの達人であるが、まだ三〇代と若い。オーユーデー社の中期計画策定や予算管理、販売企画や新規事業企画を担当している。

「サービスサイエンスの記事を読みました。ぜひうちで調査してもらえませんでしょうか？　結果は公開して構いませんから」

これが畠山さんの第一声であった。さっそくお会いして打ち合わせをすることにした。畠山さんの依頼内容は、以下の通りである。

「スーパー銭湯は大阪府下では店舗が飽和状態で、業界内の競争が非常に激しいのです。だから、どのようなサービスをするか、が非常に重要になってきます。私たちもかなりいろんな企画を考えてどんどん手を打っているのですが、なにせ競争のスピードが速くてサービスがすぐ陳腐化するので、そろそろ新しいネタがほしいのです」

よくよく話を聞いていると、収益アップのために一番重要で成し遂げたいことは「リピーターを増やす」ということであった。そのために、改善のポイントがあればどんどんあげてほしい、との依頼である。また、「おゆば」の回数券を売りたいが、いい案がなくて、という話もあった。

私たちが取り組んでいるサービスサイエンス、そして行動観察を高く買ってもらえるのは非常にありがたく、即座に「やろう」と決意した。しかし、私にとっては越えなければいけないハードルが多々あった。

まず、未知のサービスのフィールドできっちりと成果が出せるのだろうか、というハードルがある。この当時は、まだイベントぐらいしかサービスのフィールドでの行動観察調査を実施していなかったので、スーパー銭湯という新しいフィールドで有効なソリューションを提案できるかどうかはよくわからなかった。しかも、オーユーデーという企業は源気温泉おゆばを長年運営しているプロ中のプロであり、感度の高いスタッフがすでに様々なアイディアを実現してきている。その人たちが思いつかなかったようなサービスを私が提案することができるかどうかは全くわからなかった。

そこで行動観察の基本中の基本である、「まずは現場に入る」を実践することにした。期間は二日間、それも午前一〇時の開店から深夜一時の閉店まで、一日一五時間の長丁場の調査となった。源気温泉おゆばの中には風呂、サウナだけでなく、飲食店、マッサージ屋、散髪屋まであり、その施設内ですべて事足りるため、一五時間ずっと中にいてどういう実態があるのかを行動観察することにした。私は二日間にわたって、お風呂に入ったり出たり、サウナに入ったり出たり、休憩所にいたり、飲食店で食事したりし続けることになった。行動観察は体力が必要とされる手法であることがご理解いただけるであろうか。

最初、現場に入ったときに感じたのは、「全く問題がない」ということであった。設備はきれいに清掃されているし、働いている人は気持ちがいい人ばかりである。さすがは感度の高い企業のサービスの現場であり、もしミステリーショッパー（覆面調査員）が訪れて問題点を探そうとしても苦労しそうであった。そこで私ははたと思い直した。行動観察に求められているのはミステリーショッパーのアウトプットではない、と。

ミステリーショッパーは、文字通りお客さん目線で店舗を見ることを意味するが、行動観察では、お客さん目線だけでなく、俯瞰《ふかん》的に店舗を見ることが求められる。問題点を見つけるというよりは、具体的に何をどうすれば良くなるのか、根拠とともに提示して、見える成果を出すことが重要である。あら捜しをすることはたやすいが、実効性のあるソリューションを提示するのはかなり難しい。私に求められているのは、「実態としての課題」「具体的でいまの現場になじむソリューション」「それが成功する根拠」である。そう気付くと同時に、ぜひ期待を超えるソリューションを出そう、と集中力が高まってくるのが自分でも感じられた。

こうして現場に入って二日間観察した結果、一一三個のソリューションが得られた。そのいくつかを紹介しよう。

ビールのポスターの貼り場所と売り上げの関係

おゆばの広い待合コーナーにはカウンターがあり、ビールやアイスクリームなどを販売している。そこにはビールのポスターが貼られていた。女性が浴衣姿でビールのジョッキを持っているといった、よく見かけるポスターである。しかし、残念ながらお客さんからは全く見られていなかった。そこで、このポスターの貼り場所を変えよう、と考えた。その結果、売り上げが五九％上がったのであるが、読者のみなさんならどこに貼るだろうか？

ポスターの貼り場所を考えるにあたっては、大事な点が二つあった。一つは、当然「よく見てもらえる場所に貼る」ことである。もう一つは、「最適なタイミングで見てもらう」ことである。つまり、ポスターを見るときの文脈（コンテキスト）が非常に大事なのである。

たとえば、「タイヤの保険」のポスターがあるとする。「この保険に入っていれば、もしタイヤがパンクしても保険で直します」というメッセージのポスターである。これをディーラーの新車展示コーナーに貼ったとする。それでもそこそこ契約は取れるであろうが、もっと効果的な貼り場所がある。それはディーラーの車両修理の受付である。新車を買う人は、タイヤがパンクすることなどほとんど起こらないと思っているので、タイヤ保険のありがたさは理解しにくい。しかし、車両修理の受付に来るのは、タイヤのパンクをはじめとした何らかのトラブルのあったお客さんである。パンクを経験した直後のお客さんであれば、その保険のありがたみがよくわかり、その場で加入していただけるかもしれない。つまり、同じ提案内容であっても、提案するときのコンテキスト（ストーリーと言ってもよい）が非常に大事である。

そのビールのポスターをどこに貼ったかというと、答えは「サウナの中」である。サウナに設置されているテレビの下に、ビールのポスターを貼った。サウナの中のテレビは、サウナにいる人全員が見つめているので、その下に貼れば「よく見てもらえる場所に貼る」という最初の条件をクリアできる。また、サウナの中は暑いので、汗をかいているお客さんが、涼しげな女性と冷たいビールのポスターを見ると、ビールを飲みたいと思うのでは、と考えた。これは二つ目の条件である「最適なタイミングで見てもらう」を満たしている。

その結果、ポスターを貼りかえる前後で比較したところ、ビールの売り上げは五九％アップしたのである。

自動販売機の並べ方にもコツがある

お風呂からあがると、広い待合スペースがある。そこにはずらっと自動販売機が設置されていて、風呂あがりに飲むと美味しい飲み物が並んでいる。私はその待合スペースにずっと座って、どういうときにお客さんが飲み物を買って、どういうときに飲み物を買わないのか、を観察していた。そこで得られた気付きをもとにして、五台あった自動販売機の並び方を変えたところ、売り上げが七五％向上した。さて、その並び方とは？

待合コーナーにいてまず気付いたのは、待合コーナーにいるのは男性か子供であるという事実である。スーパー銭湯では中に入ると男湯と女湯に分かれるので、入る前に待ち合わせ時間の約束をする。お風呂に入っている時間そのものは男女でそんなに変わらないが、お風呂からあがった後は女性のほうが髪の毛を乾かしたり、化粧を直したり、男性よりも時間がかかる。そのため、もし家族で行くとお父さんのほうが先に出てきて待合コーナーにいることになる。また、子供は体が小さいのでお風呂に入るとすぐに熱く感じ、あまり長湯できない。その結果、待合コーナーにはお父さんと子供がいることになる。飲み物を買うのは主に子供であり、そのため、自動販売機も子供に売れそうなものが一番よい場所に設置されていた。

しかし、子供が飲み物を買うためには、一つクリアしなければならないことがある。それはお父さんの承認である。住宅街に近いこのスーパー銭湯では、子供が「飲み物がほしい」と言っても、「すぐ家に帰るから我慢しなさい」と言われてしまって買ってもらえないことが多い。ただ、父親が飲み物を飲んでいると、子供も飲み物を買ってもらえるようになる。つまり、飲み物を楽しんでもらおうと思えば、買うのが子供中心であっても、まずはお父さんに買う気になってもらったほうがよい。以上の気付きを踏まえて、自動販売機は風呂上がりにお父さんが飲みたくなる飲み物（たとえばコーヒー牛乳）を前面に出す形に配置した。その結果、売り上げが上がったのである。

グルーピングによる情報提供

店舗内には、飲み物のポスターだけでなく、様々な掲示物があった。たとえば「回数券キャンペーン」「飲食店情報」「8月20日は生バラ風呂。三重の生バラをお風呂に贅沢に浮かべます」といった様々なイベントやキャンペーン、店舗内のお店の情報を知らせるポスターである。こういった提供情報の量は、足されることはあっても減ることはなく、増える一方になることが多い。

しかし、人間の情報処理能力は限られているので、情報が増えれば増えるほど、たとえお客さんが欲している情報であっても伝達されない可能性が増える。このような掲示物による、顧客への適切な情報伝達を実現するためには、「その日に、何を一番お伝えしたいのか？」などを軸にした情報の整理が望まれる。そのために有効な方法として、情報のグルーピングを実施した。情報の掲示板には十数枚のポスターが貼られていたが、それらを

「イベントのお知らせ」「おゆば内お店情報」「おトクなおゆばカード」の三つにグルーピングすることにした。

認知心理学において、人間の処理できる能力は限られており、「同時に七プラスマイナス二個」が目安といわれており、マジカルナンバー7と呼ばれている。たとえば、提供したい情報が二一個あるとする。これをただ並べるとお客さんはすべての情報に目を通さなければならないが、三つにグルーピングすれば、お客さんはまずは大枠のグループのタイトルを見て目当ての情報のありかを探せばよい。そして、それぞれのグループの中に情報が七個あれば、処理する情報量は常に七つ以内に納まる。これにより、目当ての情報が探しやすくなる。新聞には膨大な情報が掲載されているが、情報の内容（政治、経済、スポーツなど）によってグルーピングされているため、目当ての情報に到達しやすい。それと同じである。

回数券は深夜に売る

夜中の〇時におゆばの駐車場を歩いていて、気付いたことがあった。それは、その時間の駐車場には欧州の高級車がずらりと並んでいることである。後でよくよく調べてみると、高級車は夜の一〇時以降に集まってくることがわかった。平日の夜遅くに高級車に乗ってスーパー銭湯に来るお客さんは、家のお風呂に入る代わりにゆっくりと贅沢な時間を過ごしに来ているのかもしれない。後述するが、お客さんが多い時間帯は受付の担当スタッフも時間がなくて、とても一人ひとりのお客さんに回数券をお勧めする余裕はない。しかし、深夜であればお客さんは多くないし、ゆったりとした接客ができる。回数券は割引があってお得ではあるが、一度に六〇〇〇円払わなければならない。そこで、懸案となっていた「回数券を売る」のは「深夜に来られるお客さん」にお勧めする形で実施してはどうか、というソリューション提案を行った。

露天風呂のテレビで何を流すか？

本節の冒頭で、露天風呂にテレビがあることについて触れたが、ここでの課題は、テレビの番組内容によって、露天風呂の雰囲気や印象がガラリと変わってしまうことであった。露天風呂にテレビが設置してあって映像を見ることができる、という発想は賞賛に値する。しかし、露天風呂ではテレビの音声がそのまま流れていたので、バラエティ番組が流れていると賑々《にぎにぎ》しい雰囲気になるし、昼のドラマが始まるとたんに露天風呂が緊張感でいっぱいになっていた。このままではせっかくの露天風呂の雰囲気がテレビの番組内容にコントロールされてしまう。

調査二日目の夜、露天風呂に入っていると、テレビの前に人が集まっていることに気付いた。テレビは湯船の前に設置されているため、テレビを見つめる人たちのほとんどは湯船につかっている。露天風呂にいるほとんどの人がテレビを見つめることなど一度もなかったので、いったい何を放送しているのかと思って番組を見ると、それは「釣り番組」であった。自然の緑の中、釣り人が川釣りを楽しんでいる様子が延々と映される、他の番組と比べればとてもテンポがゆっくりした番組であった。それを見て、私は待合スペースで家族を待っている人の行動を思い出した。待合スペースには旅行のパンフレットが置かれていて、それを眺めている人が多かった。「そういうことか」と思っていると、テレビの前から人が一人ひとり去り始めた。釣り番組は終わって、演歌の番組が始まっていた。

そもそも、なぜお客さんはスーパー銭湯に来るのか、その理由の中に「癒し」があるのは間違いないだろう。また、忙しくてなかなか旅行に行けない中、「非日常」を求めて、ほんの二時間のミニミニ旅行として来てくれているのかもしれない。露天風呂にいるときに求められていることが「癒し」「非日常」であれば、テレビでバラエティやドラマが流れていても見てもらえないのは納得がいく。バラエティ番組やドラマは、いつもの「日常」を思い起こさせる。一方、自然の豊かなところでゆったりと釣りを楽しむ様子は、「癒し」のある「非日常」である旅行を想起させる。

Attention Restoration Theory（注意回復理論）という理論がある。疲れている人間が自然物を見ると集中力が回復するというものだ。釣り番組の「緑が多く、川が流れている映像」はこの理論にあてはまる癒しの映像であった。自然を見ることで集中力が回復する効果は、暖炉で燃える炎を見ていても得られることがわかっている。

そこで、ソリューション案としては、以下の三点を提案した。

○番組内容によって露天風呂の雰囲気が大幅に変わることがないよう、朝に番組欄を見て、その日や時間帯にふさわしい番組構成を考える
○日常を想起するようなテレビ番組は極力避け、カナダの大自然や暖炉のような癒し系の映像を流す
○待合スペースにパンフレットを置いてある旅行会社とタイアップして、あちこちの旅行先のビデオを流す

他にも様々なソリューション案を提示した。たとえば、騒音環境の改善である。ノイズが小さいと人間には友好的な行動が増えるので、待合スペースの様々なノイズを減らすことを提案した。また、同様に広い空間にいるほうが、人間は「相手にやさしく」なるの

で、待合スペースから極力ものを減らしてもらった。このように環境心理学系の知見がかなり環境改善に寄与することがわかった。

リピーターを増やすために必要なこと

様々なソリューション提案を実施し、採用してもらうことで成果も出てきたが、一番の難題は、最も重要である上に本来の目的である「リピーターを増やす」という点であった。糸口が見えないまま調査の二日目になり、煮詰まっていた私は、おゆばの施設を出て夕食を取ることにした。ずっとおゆばの店舗の中にいたので、気分転換をしようと思ったのである。そして近くにあった、ある回転寿司のチェーン店に一人で入った私は、そこでリピーターを増やすための答えを見つけた。

回転寿司の店舗には多くのスタッフがいた。とても気がついて接客サービスのよいスタッフもいれば、まだ慣れていない発展途上のスタッフもいる。食事をするため、「入店して」「お寿司を食べて」「お金を払って」「出て行く」という一連のステップを客の一人としてこのときに私も経験した。「リピーターを増やす」ためのソリューションのヒントを得たのは最後の最後であった。すなわち、支払いのときである。その気付きを得たとき、この回転寿司のお店が流行《はや》っている理由を理解したように感じた。

その気付きとは、「帰り際のお金を払うときの接客サービスが最高になっている」ということである。

様々なスタッフの中で、一番丁寧で、ハキハキと話して、気が利いて、感じのいい人、つまり一番優秀な接客スタッフがレジに配置されていたのである。その理由は明白であるように思われた。まさに「お客さんにリピートしてもらう」ためである。

最高のスタッフが支払いのところに配置されているのは、食事をした後お金を払うときが一番大事な瞬間である、とその回転寿司店は考えているためであろう。それは全く正しい判断だと思う。なぜならば、食事がすみ、お金を払うときというのは、「この店に来てよかった」と思うか、「この店に来て損した」と思うかが決まる瞬間だからである。この時点で、食事をする、という経験はすでに完了している。そして自らの財布からお金を出すときには、「自分が得た経験」と「払う金額」とが見合っているのかが判断される。その瞬間に、まだ慣れていない愛想のないスタッフが接客するのか、一番優秀なスタッフが満面の笑みで接客するのかによって、お客さんの気持ちが大きく変わることは容易に想像できる。いろいろ受けたサービスの評価をする最後の瞬間に、楽しい気持ちでいるのか否かによって、次また来よう、という気持ちが決まるという仮説が得られた。

事実、支払いをしたときの接客スタッフはにこやかで、私もすがすがしい気持ちになった。私の後に支払う人たちを見ていても、みんなにこやかにしている。それを見て、「なるほど、リピートしたくなるというのはこういうことだったのか」と気付いたのである。

実は、ここにはさらにおまけのエピソードがある。支払いのところにいたのは女性のスタッフであったのだが、お釣りを渡すときに、そのスタッフは私の手に少しだけ触れた。この行動には有効性を示す根拠がある。お客さんは手に触れられたかどうかははっきりとは憶えていない。しかし、手を触れられたほうがお客さんの満足度は高まる。実際、そのほうがチップの量が増えたという実験データもある。

この回転寿司のお店がどこまでルール化してこのような戦略を取っているのかは正直わからない。そのお店の管理者がたまたま気のつく人でそういう運営をしている可能性もある。確認はできないが、これは全社的に戦略的に実施されている方法であると想像する。いずれにしろ、充分なヒントを得ることができたので、私はさっそくおゆばで応用する方法を検討することにした。

この観点でおゆばの受付を観察すると、さらに多くの気付きが得られた。まず、おゆばでは入浴する前にお金を支払う。お客さんは自動券売機で券を買い、その後受付に行って券と靴箱のカギを渡すと、交換に浴室のロッカーのカギを受け取って浴場へ入っていく。では、肝心の湯上りのお客さんが戻って来たときの接客はどういう形になっていたか。段取りとしては、帰るお客さんからロッカーのカギを受け取って、対応する靴箱のカギを渡すことになる。

しかし、残念なことに、このときは接客というよりも作業になっていた。なぜならば、受付スタッフは来場するお客さんへの応対に忙しく、湯上りのお客さんに対して丁寧に応対する余裕がなかったからだ。体がしっかりお客さんに向かないまま横向きでカギを渡すのはもちろん、湯上りのお客さんが来ていること自体に気付かないこともあった。そのため、靴箱のカギを受け取ったお客さんは、無表情で出て行っていた。つまり、「お客さんが、いろいろ受けたサービスの評価をする最後の瞬間に、楽しい気持ちでいる」ようにはなっていなかった。

すぐに畠山さんに問い合わせて、「お客さまが帰られるときについて、マニュアルにはどういうことが書かれていますか?」と確認したところ、「お客さまが来られたときの内容は充実しているが、帰られるときの内容はほとんどない」とのことだった。ついに「リピート」に関する課題をつかんだ。課題がはっきりすれば対策が見えてくる。

そこで次に調査したのは、「来店したお客さんへの接客の実態」である。まずは来店時の接客の実態を理解しなければ、「帰られるお客さんへの接客」を向上させるのは困難であると考えた。来店時の接客で、お客さんが受付カウンターに滞在する時間を計測したところ、平均で二分かかっていることがわかった。そこまで時間がかかるのは、スタッフがカウンターから出て券を買う説明をしたり、代わりに券を買ってあげたりしているケースが多くあったからだ。このような様々な手間がかかっていれば、とても「帰られるお客さんへの接客」どころではない。

ではなぜ自動券売機のところにスタッフが行く必要があったのか。その理由は複雑な料金システムにあった。ポイントやスタンプ、クーポン、特典ハガキなど様々な仕組みがあるため、時にはスタッフが混乱してバックヤードに相談することもあった。お店側としてはお客さんへのサービスをよくするための工夫であったのだが、結果としてはシステムを理解するつもりがないお客さんは混乱し、従業員の負荷が増えていた。

そのとき、私はワーキングマザーの調査のときにある主婦の言ったことを思い出した。それは「このスーパーはわかりやすいんです。日曜日は卵が安くなる、と毎週決まっているので、よく日曜日に来ます」という言葉であった。つまり、お客さんからすれば、情報はシンプルであればあるほど有効なのだ。というわけで、まずは様々な料金システムの統一とシンプル化を通じて従業員の負荷を減らし、帰るお客さんへのサービスを増やすことを提案した。

次に、「帰るお客さんへの接客」を検討した。お風呂を楽しんだ後、カウンターにカギ

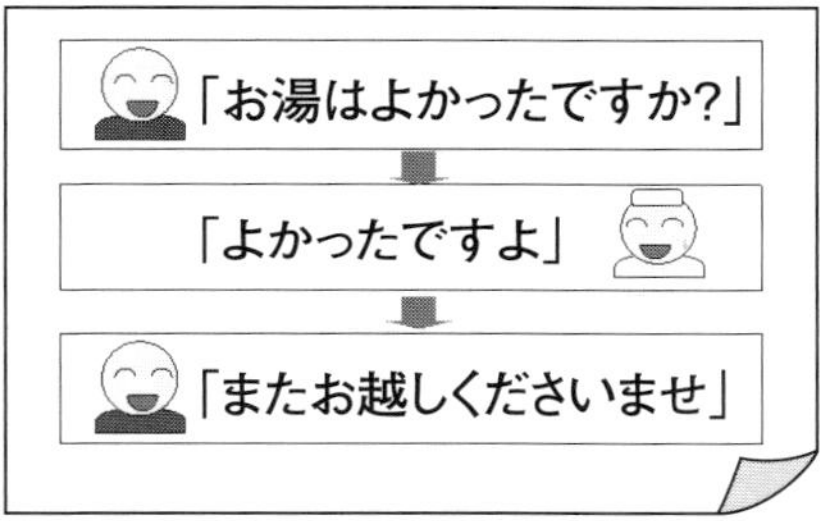

図2　簡易な「帰るお客さん用マニュアル」

の交換に来るお客さんは、みんなとても幸せそうな顔をしていた。お風呂あがりは心地よいものである。もともと気分のよいときなので、その気持ちをさらにはっきりと実感してもらえるにはどうすればよいか、を考えた。

そこで思いついたのは、湯上りのお客さんに受付スタッフがきっちりと向いて丁寧に接客するのはもちろん、お客さんに「お湯はよかったですか?」とたずねてもらうことだった。湯上りで気持ちのいいときに、「よかったですか?」と聞けば、ほとんどのお客さんは「よかったですよ」と答えてくれるのではないだろうか?

さっそく実験的に一定時間だけ受付スタッフにそのオペレーションを実施してもらった。そのときのとても簡易なマニュアルが図2である。

そのマニュアルを実践しているときのお客さんの様子を観察した。すると一五人のお客さんのうち、一三人のお客さんが「お湯はよかったですか?」という問いかけに対して頷《うなず》いてくれ、非常ににこやかにしていた。

ここでの教訓は、「閉じた空間で悩んでいるよりも、外に出て学ぶほうがよい」ということである。私は同じ施設の中でほとんどの時間を過ごすことによって、いつしか考え方が閉じていたのかもしれない。英語には、「Think Out of the Box.」という表現があるが、それは「閉じた系から出て外から中を眺めることで新しい気付きが得られる」という意味がある。

幸いにも提案したソリューション案についておゆばには好意的に受け取っていただき、畠山さんが中心になって一つひとつ採用していただいた。不要なものを片付けてくつろぎやすい空間にするなど、その場ですぐに実施できることはさっそく取り入れてもらった。

私が行動観察できない場所

私たち行動観察研究所のメンバーは、常々、「人間のいる場所であれば、どんなフィールドでも行動観察しに行く」ことを標榜《ひょうぼう》している。そんな私でも、身近にありながら、いくら望んでも決して行動観察できない場所がある。それは「女湯」である。

オーユーデー社の社員はすべて男性である。「女湯」だけは社員であっても男性である限り入っていくことはできない。そのため、いくらオーユーデー社が女性向けのサービスを充実させようと思っても、現場に足を運んで実態を知ることができない。実態がわからないと、よいサービスを考えることも難しい。そこで、行動観察研究所の女性メンバーの一人である小園さんに女湯の実態を教えてもらうことにした。また、独自で開いている研究会の女性メンバーにも、いろいろと教えてもらうことにした。すると、女性にとって当たり前であっても、男性からすると信じられないような実態がそこにあることがわかった。

清潔さを大変気にする女性

女湯の脱衣場では、多くの女性が爪先立ちで歩いているそうである。なぜそんな行動を取るかというと、脱衣場、特に浴室との出入り口付近は、髪の毛や外からの砂ぼこりが落ちているケースがあるためである。脱衣場で爪先立ちをしている男性を私は見たことがないので、全く意外な事実であった。

また、体を洗うときに使う椅子を、ボディソープで洗ってから座る女性が普通にいるそうである。男性は、お湯でさっと流すことはあっても、ほとんど儀式のようなもので、石鹸をつけてまで洗っている男性は見たことがない。

サウナの中には、店舗が用意したタオルが敷かれているが、女性はその上に直接には座らない。自らが持ってきたタオルを必ず敷いて、その上に座るそうである。中には、まるでフンドシのように自らのタオルを使う人もいるという。男性は店舗が用意したタオルの上にそのまま座り、自分のタオルは膝にかけることがあるぐらいである。

なぜ女性はそのような行動をするのであろうか？　進化心理学の知見によると、女性は男性に比べて「若さ」「健康さ」を重要視する。そのため、健康悪化につながる不潔さに敏感であり、その結果「爪先立ち」「椅子洗い」「フンドシタオル」という行動につながっていたと考えられる。女湯においては、「清潔さ」を求める行動が、このほかにも多数見られるという。

つまり、男湯に比べて女湯で重要なのは、脱衣室や浴室をより清潔に保つサービスである。たとえば、脱衣室の掃除頻度を男湯よりも多くして、髪の毛が落ちていないように配慮するとか、椅子を見えるところで丁寧に洗う、などのサービスが喜ばれると考えられる。

男湯と女湯とではまだまだ違う実態がある。その一つは、集団行動を取るか否か、である。この話を女性にすると驚かれるが、男性はたとえ友人同士でスーパー銭湯に行っても、その中では集団行動は取らないことが多い。脱衣場で服を脱いでからみんなで一緒に湯船に入っていく男性グループなど見たことはないし、だいたいは浴室に入ってからは単独行動を取る。たまたま露天風呂への出口ですれ違って、「よお」と声をかけることはあっても、みんなで一緒に露天風呂に移動したり、サウナに仲良く入っていくということはない。しかし女性は浴室に入ってからも集団行動を取るらしい。湯船にみんなでつかってガールズトークで盛り上がったり、まるで「女子中学生が休み時間にみんなでトイレに行く」かのような行動を取っていることが多いとのことである。

つまり、男性が「当たり前」と思っていることは女性にとって「当たり前」ではないのである。逆もまたしかりである。人間には、「他の人たちも自分と同じことをしている」というバイアスがあるので、こういうギャップが実際にあっても気づかないことが多い。様々なサービスのソリューションを考える上で、この点は要注意である。

お客さんと企業のギャップを見つける

この「おゆば」のプロジェクトを始めるにあたっての最初の課題であった「未知のサービスフィールドで、現場のプロも納得するソリューションを生み出す」ことについて、一定の成果は出せた。それが実現できたのには、大きく二つの理由があると考えている。

その一つは、「経験がないことが逆に功を奏した」ことである。スーパー銭湯の実態や運営のこれまでの経緯について私は全く無知である。そのため、いい意味で先入観が全くなかったため、はじめから「Think Out of the Box.」がある程度できていたのではないだろうか。もう一つは、「環境心理学などの人間に関する知見が有効」であったことである。どうすればもっと心地よい場作りができるかを考える上で、環境と人間心理の関係についての知見は大変役に立った。

よい意味で部外者であった私は、お客さんと企業との間に生じていた様々なギャップを効率的に見つけることができたのかもしれない。このプロジェクトがメディアから注目を浴びて、一度テレビの特集で取り上げられたことがある。そのときに、おゆばの畠山さんは番組の取材にこう答えていた。

「結果を見た最初の印象は、当たり前すぎる、ということでした。でも、当たり前のことにこれだけ気付けていないんだな、とも思いました」

行動観察の有効性と課題

行動観察調査をしていると、「観察対象の *n* 数（サンプル数）は充分なんですか？」と聞かれることが多い。つまり質問している人は、観察対象の「客観性」が気になっているわけである。もちろん、統計的にはなるべく多くの *n* 数を確保したほうがよいのは間違いない。

しかし、私たちは通常 *n* 数を膨大には取っていない。というのは、仮説があった上でそれを検証するのであればn数が多いのに越したことはないが、サービスにイノベーションを起こすためには、まず「何が課題か？」「どうすれば解決できそうか？」という「仮説を生み出すこと」のほうがはるかに重要だからである。

仮説を生み出すためには、n数が多いことよりも、どれだけ深く現場の実態を知り、人間の行動を知ることができるか、ということが重要である。n数を増やしての検証はよい仮説が得られてからで充分である。また、今回のスーパー銭湯のようにサービス競争の激しいところでは、統計的な検定に堪えうるほどのデータをじっくりと取っている間に、そのソリューション案が古びてしまう。なので、まずは観察して得られた実態を洞察して仮説を導き出し、それをトライアンドエラーの形で現場で直ちに実行して、その効果を見たほうがよい。

おゆばでの調査の「帰るお客さんへの接客」のケースのように、思い立ったらすぐに現場で実践、が重要である。かといって、単に勘だけで仮説を立てると効果が表れない場合も出てくるはずだ。そのアウトプットを出す精度を高めるために、私たちは人間工学や環境心理学など、データによる裏づけのある人間に関する知見を用いる。これらの根拠をもとにしたソリューションであれば、その有効性はかなり高い。

ただ、今回のプロジェクトでは課題も残った。それは現場での実施という問題である。ポスターの貼り場所を変更するだけであれば、すぐにできる。しかし、「帰るお客さんへの接客」といったように運用に関係することについて、長期にわたってその行動を実践してもらうためには、優れたソリューションがあるだけでは不十分である。現場のスタッフにいかに納得して実行してもらうかが重要となる。そのためには現場で観察することに加えて、新たなアクションが必要となる。それはスタッフの教育に関係してくることであり、そこにサービスサイエンスとしての次の段階がありそうである。

4　優秀な営業マンはここが違う

営業のできない私が営業のノウハウを理解できるのか？

早朝の営業事務所。そこには花や写真など、飾り気のあるものは何もない。机も椅子も、そして壁の色もすべて灰色がかっていて、部屋全体が「実用性がすべてだ」と語っているかのようだ。多くの営業マンが見積もりを作成したり地図を見たりしながら、今日一日の準備を念入りに行っている。ざわざわとした雰囲気が、朝の始業ベルが鳴った瞬間に一変した。全員が立ち上がり、上長によるチームの朝礼が始まると、ピンと張り詰めた雰囲気が部屋全体に染み渡る。上長はその日の連絡事項を伝えた後、私の紹介に入った。

「今日は、営業の調査ということで、松波さんに来ていただいています。自己紹介をお願いします」

私には、その朝礼の空気が重々しく感じられた。すべての営業マンの目がこちらに向いていてさらに緊張してしまいそうになる。しかしそこは元気を出して、いきなり声を張り上げた。

「おはようございます！」

そこにいた多くの営業マンからすれば、全く知らない人間である私が朝礼で挨拶することに、「どういう人が何を調査しにきたのだろう」と思ったであろう。しかし、私の大声で、緊張の面持ちだった営業マンも、「おはようございます！」と声を揃えて言ってくれた。そして私は張った声のまま、一気に言った。

「松波です。今日は一日、Ｊさんの弟子として勉強させてもらいにきました。みなさん、よろしくお願いいたします！」


今回の調査は、ワーキングマザーのようにクライアントの担当者からではなく、行動観察に興味を持ってくれた部長から直接依頼があった。部長からの依頼はこういう内容である。

「ある部門の営業の成績をもっと上げたい。そのためには営業の教育強化が必要だと思う。どういう内容をどう教育するかを一ヵ月以内に考えてほしい」

これは非常に興味深い取り組みだと思った。優秀な営業とは何かを調べることができるのである。ぜひやりたい、とは思ったものの、またもや様々なハードルが目の前に待ち受けていることもすぐにわかった。

そもそも、私自身は営業について全く素人である。新入社員のときに新人教育の一環として二ヵ月間、一般のお客さま向けに機器を販売する仕事をしたことはある。ノルマを達成するために苦労して私なりにいろいろとやってみたが、営業のポイントを理解したとはとても言い難い。そのときの経験を思い出してみれば、どちらかというと、何のノウハウも得ないままに終わったというのが正直なところだった。そんな私が、その営業の期間の半分、ほんの一ヵ月という短い期間で、営業のノウハウを調べることができるのだろうか？

また、営業マンの立場から考えれば、外部から来た私にノウハウをやすやすと教えてくれるものだろうか？　いくら上司から頼まれたことであっても、営業に同行者がいることで営業の邪魔になり、嫌がられるかもしれない。また、せっかく自分が長い時間をかけて築き上げたノウハウを、その日に会ったばかりの人間に教えてくれるものであろうか？　営業マンは数字で勝負だろうから、同じ部署にしのぎを削るライバルがいたりすると、ノウハウを漏らしたくないかもしれない。

さらに、教育の問題もある。営業のノウハウがわかったとしても、それをどう共有するべきなのだろうか？　中堅の営業マンの営業成績をさらに上げるためには、いったいどういう教育をするべきなのだろうか？

解決すべき課題は山積みである。しかし、障害物競走は、障害が多ければ多いほどやりがいがある。いつもの「走りながら考える」「考えながら走る」という方法で、まっすぐゴールを目指して走り始めることにした。

まずは調査方法を検討した。今回は営業のノウハウはどこにあるのか、そしてそれはどう教育すればいいのか、がゴールなので、「優秀な営業マン」と「普通の営業マン」のどちらも行動観察することにした。優秀な営業マンとは、圧倒的な数字を残している実績のある営業マンのことである。また、普通の営業マンとは、今後さらに伸びることが期待されている、今回の調査の結果をもとに教育をする対象となるであろう営業マンである。

お客さんとの人間関係に驚く

まずは依頼のあった、「一般家庭を訪問する形の営業活動」の調査を行った。なにしろ期限が一ヵ月しかない。私はまず優秀な営業マン三人、普通の営業マン三人、それぞれ終日営業活動に同行させてもらうことにした。営業活動は個々の家庭を回っていく形で行われ、地道に自分のお得意さまを作ることが求められる。

最初に同行したのは、Aさんという二〇代の若い男性だった。物腰がやわらかくて語りもソフトな上、にこやかな表情でハンサムな彼は、いかにも優秀な営業マンといった空気を持っていた。行動観察の当日は非常に寒い日だった。そこまでの寒さを予想しておらず、薄着だった私は、Aさんがお客さんと話しているときにも震えてしまいそうになることがあった。Aさんはすかさず、

「松波さん、寒くないですか?」

と声をかけてくれた。

「私は着込んでますから大丈夫ですよ。Aさんは大丈夫ですか?」

私が事前に持っていた「営業マンの人たちはノウハウを教えてくれるだろうか?」という心配は杞憂かもしれない。優秀な営業マンであるAさんは、一緒にいてとても気持ちのよい人だった。

営業についての最初の観察調査だったこともあり、Aさんには驚かされっぱなしだった。一日に一〇件以上のお客さんを回るAさんだが、お客さんとの関係がすごく深い。たとえば、ある家に訪問したときのことだ。「あがっていってー」と言われたAさんは、家の中の奥深くまでどんどん入っていく。まるでその家のどこに何があるのかをすべて把握しているかのように、複雑な家の中を居間に向けてまっすぐ歩いていく。その居間には、おとなしい感じのおばあさんがいた。そしてそのおばあさんがAさんに最初にかけた言葉

が、「結婚生活はどう？　うまくいってるの？」である。この言葉が出てくるということは、Aさんが最近結婚したということをそのおばあさんは知っているということだ。それに、その言い方のニュアンスからは、「結婚したけどなかなかうまくいかなくて大変なんです」という話が過去に二人の間にあったことを感じさせる。Aさんが結婚しているかどうかさえ知らなかった私は、Aさんとお客さんの人間関係の深さに驚くしかなかった。

また、Aさんはどのお客さんの家に行っても、必ず同じことをしていた。それは、必ず一つ小さな親切をしてくる、ということである。たとえば、自前のクリーナーを使って、台所を簡単に掃除したり、家庭用機器を拭いたりする。それも全く恩着せがましくなく、Aさん独特のさわやかな笑顔とともにスマートにこなしてしまう。

また、お客さんへの配慮も徹底していた。代金の回収のために、ある家に訪問したときには、来客中で、年配の女性が二人居間で雑談をしていた。まずは自分のお客さんに挨拶するAさん。それだけでなく、その友人にも「せっかくお話を楽しんでおられるところすみません」と丁寧に挨拶。また、お客さんから代金を受け取ったときにも、笑顔でほがらかに話していた。また、その話し方も丁寧すぎず、お客さんとの心の距離が非常に近い。

調査の最初に私に「寒くないですか？」と声をかけてくれたように、Aさんは「配慮の達人」だった。単に笑顔が素晴らしいだけでなく、人の気持ちを汲み取り、仲良くなり、相手を決して嫌な気持ちにさせない、しかも丁寧すぎない、そのきめ細やかな対応で、お客さんの信頼を勝ち取っていたのである。

お客さんからの核心を突く言葉

次に同行をしたのは、若くて長身の好青年、Bさんである。Bさんは普通の営業マンであった。ご自身でも、「そこそこがんばっているつもりなんですけど、なかなか成績が上がらないんです。どうすればいいんでしょうか。最近、特にスランプなんです」と悩んでいる様子だった。

Bさんは誠実で真面目な人である。しかしBさんの良さはお客さんになかなか伝わっていなかった。そのBさんの課題は、同行を始めてすぐに明らかになった。しかも、その課題は、Bさんが訪問したお客さんから直接指摘されたのである。Bさんも、その家の奥さんといろんな話をしていた。ただ、話題は自分が知っている商品知識のことばかりで、奥さんはだまって聞いていて、ときおり質問するぐらいであった。Aさんの「感じのいい雑談」とは全く違う会話の内容であったのだ。そのときである。奥の部屋に座っていて、それまでだまっていたご主人が、突然口を開いてこう言ったのである。

「あなたはまだまだだな。商品を〝説明して〟売ろうとしている。それをやっている間はまだ一人前じゃない」

その年配のご主人は、何か商売をしていたことがあったのかもしれない。表情はにこやかだったものの、その一言はまさにBさんの課題の核心を突くものであった。そして、私がぼんやりと感じていたことを短くまとめる言葉でもあった。

「商品を説明して売る」。これは営業マンとして当然の仕事のように思えるかもしれない。しかし、それだけでは不十分である。商品のことを知らなくてもよい、というわけではない。商品のことを知らなければ話にならない。しかし、商品の知識だけでは結果にはつながらないのである。これまでの企業の営業担当者への教育は、商品知識を学ぶことが中心だったかもしれない。しかし、これからは「人の気持ちをつかんで、いかに信用を勝ち取るか」という教育が非常に重要になる、ということを、調査は始まったばかりであったが、ほとんど確信に近いものとして感じていた。

そのご主人の家にはかなり長い時間いたが、家を出てからのBさんの発言には思わずびっくりしてしまった。核心を突くお客さんの発言を受けて、「勉強になった」というコメントが聞けるかな、と思っていた私に、Bさんはこう言った。

「やっぱりそうだ。そういえば、僕、この家に去年も来ました。そうそう。いま思い出しましたよ」

AさんとBさんの一番の違いは、「お客さんのことを憶えているかどうか？」という点である。「結婚生活はどう？」という話題が出てくるほど「お客さんとお互いのことを知り尽くしている」Aさんと、「一年前に訪問した家のことを記憶していなくて、家を出てからやっと思い出した」Bさん。お客さんの立場から考えれば、どちらの営業マンに依頼したいかは明らかだろう。

この違いが生まれるのはなぜだろうか？　その理由はまた別の営業マンの行動観察のときに明らかになった。

Bさんは、別に「ダメな営業マン」というわけではない。とても人のいい素朴な青年である。しかし、お客さんへの配慮という点では改善すべき点が多々あった。スランプに陥っていると認識していて、悲観的な気持ちになっていたことが原因なのかもしれないが、お客さんへのネガティブな発言も見られた。たとえば、「お客さまの家、寒いですねぇ」とか、「そう考えるお客さまは多いんですけど、本当はそれは間違ってるんですよ」といった発言が出てしまう。私は一日一緒に過ごしたのでよくわかるが、Bさんはもともとネガティブな人ではない。しかし、売り上げで苦戦していることが彼にネガティブな発言をさせていた。

また、売り上げが思うように上がらない直接的な理由も見えてきた。顧客に購入の意思確認をするとき、Bさんはインターホン越しにしており、結果としてよい返事をもらっていなかった。

優秀な営業マンは優秀な観察者

二、三人の営業マンに同行調査をした後、もともとの依頼主である部長から、「調査は順調か？　どんな結果になりそうだ？」と訊かれた。ワーキングマザーの調査で、「調査の途中で結果について伝えないほうがよい」ということを学んだ私は、「こんな面白い結果が出ています」と言いたくなるのをこらえて、「調査は順調です。結果についてはもうちょっと時間をください」と答えた。かなり興味深い気付きが得られていて、すぐに伝えたくてしかたがなかったが、なんとかこらえた。すべてはゴールに向けて最適な形で物事を前に進めるためである。
次に同行させてもらったCさんは、前出のAさんやBさんよりも一〇歳以上年上で、かなり落ち着いた人である。挨拶をすませ、Cさんの営業車に乗り込んで興味深いものを見つけた。それは、様々な飲み物の缶である。しかもすべて未開封。缶ジュースやお茶に混じって缶ビールもある。これはいったいどういうことであろうか？　さすがにビールが営業車にあるのは問題じゃないかと思い、さりげなく「飲み物がたくさんあるんですね」と話を向けたところ、Cさんは「お客さんがくれるんですよ」と答えてくれた。なぜこんなにも大量の飲み物をお客さんからもらうのだろうか？

その疑問は間もなく解けた。Cさんはお客さんに大変感謝されているのである。お客さんとの関係が強かったAさんと同様かそれ以上に、お客さんの問題解決をしていた。Aさんの場合は「小さな親切」をしていたが、Cさんの場合は、全く自分の営業と関係のない蛇口の不具合を、修理業者を探して段取りしていた。そのため、帰り際に「今日はほんとにありがとう、よかったら帰りにこれでも飲んで」と言いながらお客さんが飲み物を渡していた。そういえばAさんのクルマにもお菓子とかいろんなものがあった。それらもお客さんからもらったものかもしれない。

若かったAさんに対して、Cさんには熟練者らしいスキルが多々見られた。Cさんはあまりにこやかな感じの人ではない。どちらかというと真面目な表情を崩さない人である。しかし、チャイムを鳴らしてお客さんと最初に会うときには満面の笑みをたたえて、お客さんとのファーストコンタクトの瞬間には大変力を入れていた。この行動には心理学的に根拠がある。ある特定の人について、順番に六つの性格特性を示すとする。そのときに、

「知的な↓勤勉な↓衝動的な↓批判的な↓頑固な↓嫉妬深い」
「嫉妬深い↓頑固な↓批判的な↓衝動的な↓勤勉な↓知的な」

以上、二パターンの順で示す場合、受ける印象が全く違ってくる。両者とも、六つの性格特性そのものは全く同じで、示される順序が違うだけである。しかし、前者の順で示された人は「その人物はいい人だ」と評価し、後者の順で示されると「その人物は悪い人だ」と感じる（藤本忠明ほか『ワークショップ心理学』ナカニシヤ出版、一九九三年参照）。

このように優秀な営業マンの行動には心理学的な根拠があった。営業マン本人はかなり努力しているし深く考えて営業をしているが、心理学を系統立てて勉強した上でこのような行動を取っているわけではなかった。ただ、現場の経験から学び、試行錯誤して工夫した結果、心理学の「説得」の分野の知見に合致する行動を取っていたのである。

常に試行錯誤

これ以外にも、Cさんの行動を観察していて、「あ、これはあの論文のあの知見と同じことをしている」と思う場面がしばしばあった。

たとえば、Cさんがあるお客さんの家で商談をした後、引き上げる前に、「安くなるクーポンがあるので、また近くに来たときにでもお渡ししに寄らせていただきますね」と一言お客さんに言った。その家にはそのときお父さん、お母さん、娘さんらしき人の三人がいたが、私が気付いたのは、その発言の前にCさんがその三人をよく観察していたことである。Cさんの言葉には、非常に合理的な理由があった。彼は、三人の家族をよくよく観察した結果、「この家族には私のいないところで話し合ってもらう必要がある」と判断したのだ。確かにその家族はあまり発言をしないおとなしい人々だった。

家によって、購入時の意思決定のプロセスは異なる。たとえば、妻だけで購入の意思決定をする家もあれば、夫の了解が必ず必要な家もある。そして、この家の場合は、よくよく家族全員で話し合って、みんなが合意しないと購入に至らない、とCさんは判断したわけである。そして同時に、「次に来たときまでに買うかどうか決めておいてください」といった押しの強いことを言うと、この家の場合は逆効果であることも見抜いていた。そのため、「また近くに来たときにでも」という気楽なシチュエーションで、「クーポンをお渡しするので」という理由でドアを開けてもらって、家族で話し合った結果を聞こうということであった。このように、ちょっとした一言であっても、Cさんはお客さんのことをよく理解し、考え抜いた上で発言していた。

これは、先のBさんの課題を解決する方法でもある。Bさんは門の前でインターホン越しに話をしていたが、Cさんはクーポンを使って直接お客さんと話をする機会を生み出している。しかも「すべてはお客さんに喜んでいただくため」という考え方に基づいている。お客さんに喜んでもらうための「問題解決のお手伝い」であり、「話し合いの時間の提供」であり、「クーポン」である。「お客さんがどういう人なのか理解する」というのもその表れの一つである。

営業活動は試行錯誤のプロセスでもある。Cさんでも途中で反省するときがあった。あるお客さんと商談をして、例のごとく「問題解決」をして家を出た後、「しまった、あの人にはこういう接し方をするんじゃなかった。もっとこうすればよかった」ということがあった。このとき私は問題があったことに全く気付かなかった。しかし、Cさんによると、「あの人には今回の親切は全く響いていない、逆に迷惑に思われたと思う」ということになる。つまり、全く同じお客さんの反応であっても、受ける側の思考方法が違えば、解釈が違ってくる。

さらに、Cさんには常人には真似のできない特殊な能力があった。チャイムを押してお客さんがドアを開けるしぐさ、そして出てきたときの表情で、「このお客さんにはどう接客すればいいか」が一瞬にしてわかるという。このノウハウはぜひ知りたいので、「いったいどういう風に判断するのですか?」と訊《たず》ねてみたが、「自分でもどうしているのかは解説できないですけど、とにかくわかるんです」とのことだった。

これではっきりしたことがある。それは、普通の営業マンがすぐにでも取り入れて活用できるノウハウと、属人的すぎて長年の経験を経たとしても身につけられるかどうかわからない特殊なノウハウがあるということである。

Cさんが達人の域に至った理由を知りたくて、「どういう風にすればCさんのようになれますか？」と単刀直入に訊いてみた。

「それはよくわからないですね。ただ、私にはよい先輩がいて、営業で重要なことをいろいろと教えてくれたね。私が別の営業の仕事をしていた、かなり前の話だけど」

Cさんには師匠と呼ぶべき人がいたのだ。その人は、「こういうときはこうするんだ」といったように、シーンに応じて具体的に教えてくれたということである。またさらに、「こんなにすごい営業ができれば、毎日楽しいんじゃないですか？」と訊いたときのCさんの答え。

「お客さまに喜んでもらえたら、そりゃ嬉しいよ。でもね、いままでもすごく憶えているお客さまがいるんだ。その人には、同じ商品を友人からもっと安く買う方法があったんだ。結局は私から買ってもらったけど、『あんたから買うと高いね』と言われてね。そのときのお客さんの表情は一生忘れないと思うよ」

営業は大変な仕事である。どれだけ優秀な営業マンが丁寧に応対したとしても、お客さんに怒られてしまうときもある。そういうことがあって落ち込んだとしても、次のお客さんには気持ちを切り替えて、前向きな気持ちを保ち続けなければいけない。Cさんは、その「一生忘れられないお客さん」のすぐ後も、気持ちを立て直して次のお客さんのところに向かったそうだ。

この話を聞いて、私は営業会社のマネジメントの重要性を認識した。現場で営業マンは神経を消耗させながらもモチベーションを維持して活動している。もし会社が、戻ったときにより落ち込まされるような場所だったら、営業マンのモチベーションは保てないかもしれない。一方、トップがプロ意識を説いて、しかも不調時にはフォローする仕組みが準備されているような会社であれば、元気に営業に出て行ける。

しかし、そのような会社のほうが珍しいのではないだろうか。営業成績が不調になると「ダメじゃないか！」といったネガティブなフィードバックだけがかかる会社のほうが多いのが実態だと思われる。ネガティブな気持ちには伝染性があるので、マネジメントがネガティブに寄りすぎていると営業マンもネガティブになり、結局はお客さんにも伝わってしまう。

勘違いしないでいただきたいのだが、「ネガティブなことを言ってはいけない」と言っているのではない。たとえ厳しい言葉でも、マネジメント側に「君たちを信じている、君たちはできる」という思いが基本にあると伝わるからこそ、営業マンは前向きにお客さんのところに向かうことができる。会社までが営業マンにネガティブのみであたってしまうと、営業マンはネガティブなループに入って悪影響があるだけでなく、逃げ場がなくなってしまう。

Cさんとの同行はその後も続いた。そしてある家で契約が取れた。家を出た後にCさんは喜ぶとともに驚いていた。Cさんの実力を考えれば、成約自体は不思議でも何でもないことなので、なぜ驚くのだろうと思ったのだが、Cさん曰く「同行の人がいるときに売れたのは初めてです」とのことだった。Cさんは優秀な営業マンなので、いろんな人に同行を求められていて、そういうときには決まって契約は取れなかったという。つまり、同行者がいるということは、いくら優秀なCさんであっても成績に影響を与えるほど迷惑なことだったのである。

Cさんの成績に悪影響を与えたら申し訳ないとの思いが強かったので、同行者の私はもちろん気配りをしていた。お客さんとCさんの立ち位置から考えて自分がどこにいるべきか、商談中にいかに自分の存在を消すか、といったことに注意していた。あくまでも、主役は観察者の自分ではなく、対象者である営業マンである。そのため、観察者は、自らは見えない存在に徹しなければならない。他の同行者ももちろん配慮はしていたであろうが、現場にいても観察者として姿を消すようにしたことが作用して、「同行しても売れる」ことにつながったのかもしれない。

それは営業マンとお客さんとの関係でも同じであった。この二者の間で、優秀な営業マンはお客さんを主役として、営業マン自身はお客さんを映す鏡に徹していたのである。

お客さんに八〇％話してもらう

私がとても印象に残っているのは、Dさんという普通の営業マンである。キャリアはそこそこ長いが、成績が伸びずに悩んでいるということだった。Dさんは四〇歳ぐらいで、ジャッキー・チェンの大ファンだという。最初の家に行ったときには、Cさんと同じようにお客さんから感謝されて紅茶を出してもらっていた。商品知識は豊富だし、お客さんに感謝されることがあるのに、どうして苦戦をしているのか、それは次の家でのDさんの会話で明らかになった。

問題はいたってシンプルだった。Dさんは話しすぎであった。お客さんにしゃべらせまいとしているかのごとく、自分だけが延々と話し続ける。商品知識はあるので話題は豊富である。しかし、お客さんが何か質問しようとしても、その声に自分の声をかぶせてお客さんをだまらせてしまう。一方的な話があまりに長すぎて、ほとんど怒っているお客さんもいた。

Cさんは優秀な営業マンであると同時に、優秀な観察者であったが、Dさんはお客さんの反応を見ることなく話し続けていた。いくらいろいろ知っているからといって、話し続けるのは逆効果である。

優秀な営業マンであるAさんやCさんは、自分が話すのは最小限で、八〇%の時間はお客さんが話をしていた。優秀な営業マンは優秀なプレゼンターというより、優秀なカウンセラーなのだ。つまり、お客さんにたくさん話してもらって、そこからお客さんの価値観やニーズをとらえ、その後に営業マンが話してお客さんに喜ばれる提案をしていたのである。自分が話してばかりで話を聞いてくれない人と、話をじっくり聞いてくれる人がいたとしたら、どちらの人の提案を聞き入れるかを考えれば、答えはいうまでもないだろう。

移動中にDさんは、「売れないのが続くと、本当に悩むんですよね。どうしたらいいですかね?」と私に訊いてきた。営業ノウハウについては調査途中であるし、プロの営業マンではない私がアドバイスするのはおこがましいのだが、あと一件訪問するのみであったし、Dさんに元気になってもらうために二つのポイントを話した。

「自分だけが話し続けず、お客さんに八〇%話してもらってください」

「第一印象が非常に大事なので、ファーストコンタクトのときに明るい表情をしてください」

特に後者については、Dさんの好きなジャッキー・チェンを例に出して説明をした。「ジャッキー・チェンが人気なのは、あの身体能力もさることながら、彼独特のにこやかさが大きいと思いますよ。あのスマイルを見れば、誰だって好きになっちゃいますよね」

Dさんは納得し、さっそく次の家で実践してみると言ってくれた。さて、果たしてDさんは次の家で「自分ばかりが話す癖」を直せただろうか？

癖は直らなかった。Dさんは、それまでのお客さんに接したときと全く同じように、相手にしゃべらせまいとするかのように話し続けた。私は意図的に彼の視界に入り込み、指を手に当てて「しーっ」とするポーズをして「自分ばかり話さないで」というサインを送ってみた。Dさんは何度も深々と頷いたものの、さらに話を続けた。それも無理はない。長年体が憶えてしまった習慣である。指摘されて頭で理解したからといってすぐに直るわけはなかった。

このプロジェクトで数々の営業マンを見て、優秀な営業マンと普通の営業マンの違いについて様々な気付きを得たが、そのうちのいくつかをまとめると以下のようになる。

①優秀な営業マンは、お客さんとのファーストコンタクトを非常に大事にしている

②優秀な営業マンは、自分よりお客さんのほうが話す時間が長い
③優秀な営業マンは、お客さんをよく観察して、個別のお客さんのニーズに合う提案をする
④優秀な営業マンは、お客さんに何か必ず親切なことをする

右のポイントを含め、営業観察の結果得られた膨大な気付きや知見をレポートにまとめた。そして、関係する部署や会社をできるかぎり数多く訪問し、プレゼンして回った。あるときは営業会社の営業担当マネジャーの会議で、またあるときは営業マンを一〇〇人ぐらい集めて、優秀な営業マンと普通の営業マンの行動や発言の違いを解説した。

行動に取り入れると営業成績がアップ

そのころ、ある会社から「うちの営業マンを集中的に教育してほしい」という依頼があり、その会社の何人かの営業マンに同行した。その中にEさんという若くて長身の営業マンがいた。Eさんは熱心に私に質問をしてきた。一軒行くごとに「さっきの家での課題は何でしょう？　この行動はよかったですか？」と質問をする。訪問の間に空き時間が少しでもあれば、近くの公園にクルマを移動させて、じっくりアドバイスを受けようとするほ

ど熱心だった。そこで、私はEさんにも前述の四つのアドバイスをした。

Eさんはアドバイスを自分の行動に取り入れるのが早かった。直ちに次の家から、四つのアドバイスを実行し始めたのである。その結果、それまでのEさんの営業成績は正直言って芳しいものではなかったが、次の月には売り上げが一気に四倍になった。二ヵ月後にもう一度Eさんに同行したのだが、四つのアドバイスを見事に取り入れ、言動がまるで違っていた。

同じ時期に別の人にも同行して同じアドバイスをしたが、この人は残念ながら成績が向上しなかった。行動が全く変わらなかったからである。ここから大きな教訓が得られた。せっかく営業ノウハウを抽出して共有できる状態にしても、現場の人が取り入れてくれなければ何の成果も出せないということである。営業マンも人間であり、今度は行動観察調査をしている私たちの側が、営業マンにこのノウハウを「買ってもらう(=取り入れてもらう)」説得をしなければならない。

しかし、Eさんが成功したことの意味は大きかった。行動に取り入れてくれさえすれば成果があがる営業ノウハウが抽出されていることが確認できたからである。

さらに、営業ノウハウの効果の確認をするため、別の営業部隊で実験をしてみた。それは、一一人いる営業部隊のうち、一人にだけ今回得られた営業ノウハウを教育して、営業成績を追いかける、というものである。結論から言えば、他の一〇人の成績は以前と変わらなかったのに対して、三〇分という短時間ながらノウハウを教育した営業マン一人は、売り上げを四・五倍にしたのである。

一ヵ月という非常に限られた時間ではあったが、営業のノウハウにおいて重要なポイントは抽出できたようだ。そして、得られたノウハウをどう広げるか、ということが次の課題であることがはっきりした。

自分ばかり話し続けるDさんであったが、その後、優秀な営業マンになって表彰されたと聞いた。「お客さんに話をしてもらう」ということを、会得されたのだろう。たとえポイントが四点だけでも、行動に取り入れてくれれば成果があがることがよくわかった。

営業は孤独な仕事である。会社の外に出れば、基本的には朝から晩まで一人で過ごすことになる。他の営業マンが普段どのように営業をしているのかを見ることもない。つまり、同じ営業所で机を並べて働いていても、お互いがお客さんと接するときに現場でどういう行動を取っているかを知る環境にはない。営業の行動観察調査は、「優秀な営業マンが普段どう営業していて、その言動がなぜ有効なのか」を「見える化」するのに非常に有効であるとわかった。しかし、同時に課題もはっきりした。それはいかに普通の営業マンにその行動を取り入れてもらうか、ということである。

仕様を語らず生活の変化を語る

冬の朝、まだひんやりとした空気の中、販売イベントは始まった。ゲートをオープンするとともに、列を作って待っていたお客さんが次々と中に入ってくる。「いらっしゃいませー！」という声が響く館内に、スタッフのジャンパーを着た、飛びぬけて元気な若い男性がいた。いろんなお客さんとさっそくてきぱきと話している。オープンして四五分ほど経った頃に、彼はつぶやいた。「成約九件か」。驚くべきことに、彼は一時間にも満たない時間で、普通の人の一日分の契約を取っていたのである。

我々は、このプロジェクトの後も、様々な営業マンを調査した。一口に営業マンと言っても、販売するものも違えば、販売するシーンも違う。販売するものは、数千円のものもあれば、一〇〇万円を超えるものもある。また、販売形式も、イベントで不特定多数のお客さんが対象のものもあれば、一軒一軒回るタイプのものもある。

ここからは、私が調査をした、様々なスーパー営業マンのことについて解説をしたい。

まずは冒頭のスタッフジャンパーのFさんである。彼はとにかく声を出し続けていた。「いらっしゃいませー！」「よかったら触ってみてくださいね～」。なぜそんなに頻繁に声を出すのだろうか？

その理由は短時間の観察ですぐに判明した。そこはイベントホールで行われた新商品の販売イベントで、販売スタッフはFさんを入れて一〇人以上いた。中には、全く声を出さずにいるスタッフもいれば、声を出しているFさんのようなスタッフもいる。その両者を見比べていると、お客さんに最初に声をかけるときに大きな違いを生んでいることに気付いた。

それは、「声を出しているスタッフのほうが、お客さんとの話に入りやすい」ということである。「いらっしゃいませー」と声を出し続けていると、お客さんはその声に親しみを持つ。そのため、いざ直接お客さんに話しかけたときも、快く受け入れてもらえる可能性が高い。これが、それまでずっとだまっていたスタッフだと、見知らぬ人が見知らぬ声で話しかけてくる形になり、お客さんに受け入れていただく可能性は低い。こういったように、イベントにおいても、優秀な営業スタッフのしている一つひとつの行動には意味があった。

洋服屋さんで「春物が入りましたから、右奥のコーナーをぜひご覧くださーい」と言いながら歩いている店員を見かけたことはないだろうか？　このメッセージの出し方が有効なのは、後で話しかけたときに話に入りやすいという点だけではない。このメッセージは特定の人に向けられていない。お客さんは圧迫感を感じることなく、店員から有効な情報を得られる。もし店員が特定のお客さんに向かって「春物でいいのが入りましたよ！」と話しかけたりしたら、そのお客さんは逃げてしまうかもしれない。このように、「不特定多数への声かけ」は、イベントや店舗での販売でとても効果的である。

さて、販売イベントでのFさんの話に戻るが、Fさんのお客さんへの説明も、非常に効果的であった。たとえば、彼の説明には、機器の仕様についての話が全く出てこない。それを買うことによって生活がどう変わるのか、という話を一貫して説明する。自動車の販売にたとえてみよう。機器の仕様について語ると次のようになる。

「このクルマは二〇〇馬力あって、時速一〇〇キロに達するのに七・二秒しかかからないんです。足回りは、前はダブルウィッシュボーン式で、後ろはトーションビーム式サスペンションです」

これを生活の変化で語ると次のようになる。

「このクルマは周りのクルマよりかなり速いですから、長距離を高速で出かけることの多い〇〇さんなら、追い越しがストレスなくできますよ。足回りもしっかりしていますから、運転する機会の少ない奥さんが追い越しをしてもとても安全です」

どちらの説明がより実感を持てるか、そのクルマにより魅力を感じるか、は明らかであろう。

さらに、Fさんはしっかり情報収集をしていて、その日の新聞記事まで引いて商品を説明していた。販売員が「この商品、いいですよ」と言うのと、外部の情報である新聞記事が「この商品、いいですよ」と言うのでは、どちらが信用されるかは明らかである。

映画からヒントを得る

単価のあまり高くないものを一日に何軒も訪問で売る形の営業をしているGさんからも大変勉強させてもらった。Gさんはまだ三〇代で、体格のいい頼れるリーダータイプである。一日に数十軒は回ったであろうか。それも若手メンバーを引き連れてコーチしながらの営業である。

私はGさんに会う前日、別の調査のために徹夜で行動観察調査をしていたため、一睡もしていなかった。Gさんに早朝会ったときにはクタクタであったが、Gさんの営業を行動観察したとたんに、これはすごい人だ、と目が覚めた。その一日は、眠いことを全く忘れて、Gさんの一挙手一投足に目を奪われた。彼は普通の営業マンが学ぶべきポイントをすべて持っていて、彼一人の行動をまとめるだけで教科書になりうるほどの完璧さであったのだ。

一日に数十軒も回る種類の営業なので、一人ひとりのお客さんにかける時間はそんなに長くない。何人ものお客さんと話すのを観察していて気付いたのは、Gさんのトークは完璧に作り上げたフローチャートになっていることである。フローチャートの中のいくつかの分岐点では、質問にお客さんがどう反応するかで、次に話す内容が違ってくる。つまり、いくつかの質問をすることで、お客さんに説明する内容が別々の引き出しから出てくるのである。

また、お客さんとの立ち位置も常に意識している。Gさんは、お客さんの目の前には立たない。必ずお客さんの両足を結ぶ線と、Gさんの両足を結ぶ線が九〇度になるように立つ。つまり、敵対した関係でなく、パートナーとして接したい、ということをその立ち方によってお客さんに伝えていたのである。

Gさんはいつも営業の仕事のことを考えていて、いろんな情報から勉強していた。たとえば、『交渉人』（原題：The Negotiator、一九九八年製作のアメリカ映画）という映画をご存知だろうか？　この映画の中には、人質を取った犯人と交渉するネゴシエーターと呼ばれる職業の人物が出てきて、「スキルの低いネゴシエーターが犯人の言うことに対して否定的なことを言ってしまい、優秀なネゴシエーターから叱られる」というシーンがある。そのシーンを見てなるほどと思ったGさんは、その後「決してお客さんの言うことに対して否定的なことを言わないようにした」という。先のBさんの陥っていた「お客さんにネガティブなことを言ってしまう」という行動は不適切であるということを、Gさんは映画を見ながら学んだわけだ。このように、どの優秀な営業マンにも共通しているのは、「考えた上で行動している」ということである。

脳を通してから言葉にする

Gさんと同様の営業活動をしていたHさんは、かなり年配の男性である。Hさんは、これまでに保険など様々な営業を経験してきたベテランで、言葉一つひとつに含蓄がある。営業の途中に公園で休憩しているときや昼食のときなど、いろんなことを教えてもらった。Hさんは、明るくポジティブな気持ちを常に持ち続けていて、売り上げが上がらずに元気のない同僚と朝顔を合わせたときには、「お、今日は元気だな、何かいいことあったのか?」と声をかけていた。「気持ちに元気がないと何事もうまくいかないから、こうやって元気を持ってもらおうと思って」とはHさんの言葉である。メガネの奥にあるやさしいまなざしで周りの人を見ていて、そのやさしさと余裕に、お客さんも元気をもらっているようだった。

他人にやさしいHさんは、自分には非常に厳しい人であった。たとえば、冬のどれだけ寒い日であろうと、「寒いから喫茶店で少し休んで温まろう」などとは決して思わないし実行に移すこともない。私が行動観察をしたのは真冬でかなり寒い日であったが、休憩といってもお客さんの家に行くタイミングを図るために公園で時間をつぶすぐらいである。また、毎日の自分の営業成績を丁寧に手帳につけていて、「このところ成績が落ち気味だ」とか「最近は調子がいいぞ」といったことを常に把握していた。つまり、自己管理が徹底しているのである。

Hさんの言っていたことで、一番印象に残っているのは次の言葉である。

「話すときに、みんなあまりにも考えていない。まずは脳を通してから言葉を出さないと」

人間の基本的な特性であるが、人間はみな「なるべく労力を使わない」ようにしている。たとえば、歩く動作一つとっても、人間は足を地面すれすれまでしか上げていない。なるべく足を上げないほうが、エネルギーを消耗しないからである。

脳の活動も同じで、Hさんが指摘するように、人間は「なるべく考えないで」すまそうとする。たとえば「前と同じようにしておけばいいだろう」や「専門家が言っているのだから間違いないだろう」といったように、日常でも私たちは「なるべく考えずにすまそう」とする。それが間違いであると言うつもりはない。逆に、人間としては非常に自然なことだと言えるであろう。しかし、優秀な営業マンはその「考える」という「普通の人間はなるべくせずにすますこと」を日々実行している。

現場で実験をする

Ｉさんという若い営業マンも印象に残った一人だ。小柄で、低音の声が非常に魅力的で闊達《かったつ》な人である。Ｉさんに同行して行動観察をしていると、面白いように契約が取れる。Ｉさんも、前述のＧさんと同様に、観察した行動をまとめるだけで、そのまま営業の教科書になるようなすごい人だったが、Ｉさんはこのレベルに到達するまでに、過去には相当苦労していた。営業の仕事を始めた当初は、会社に行くのが憂鬱になるぐらい、営業の方法について悩んだとのことである。しかし、そんなことがあったとは信じられないぐらい、Ｉさんはいきいきと仕事をしていた。

すぐに気付いたのは、Ｉさんのトークのフローチャートがよくわからないという点であった。Ｇさんは、頭の中で作り込まれたフローチャートを様々なお客さんに応用していたが、Ｉさんはお客さんごとに言うことが違う。

しかし、行動観察をしているうちに、そのパターンが見えてきた。どうやら、トークには三種類あり、それを出会うお客さんに順番に使っているようだ。お客さんの属性に合わせて、その三種類を使い分けるのなら理解できる。しかしＩさんは相手がどんな属性のお客さんであろうが、出会うお客さんの順に、トーク1↓トーク2↓トーク3↓トーク1と三種類のトークをするのであった。

その理由は単純だった。Iさんは、「どの言い方が一番お客さんに理解されやすいか」を現場で実験していたのである。実験といっても、別にお客さんを試しているわけではない。単純に、どういう言い方がベストなのかを知るため、順番に三種類のトークを提供することで実験していた。こんなことをしている人はIさん以外にいなかったので非常に驚いた。Iさんは、営業という仕事において、科学でいう「仮説の構築↓データ取得による仮説の検証」というプロセスを行っていたのだ。

Iさんはそれまでの経験からまず、「こういう風に説明したほうが理解してもらいやすいのではないか?」という仮説を作る。そして、その仮説に基づいた説明をトーク1とする。次に、仮説が誤っていた場合の検証として、反証となる説明をトーク2とする。さらに従来の説明をトーク3とする。そしてこの三種類のトークを実地で試すことで、自分のトークを最適化していた。もし仮説が正しければ、トーク2よりもトーク1のほうがお客さんの反応がいいだろう。また、もし仮説が正しかったとしても、その効果がこれまでの説明に比べてわかりにくいものであれば何の意味もない。なので、従来のトークもトーク3として入れておくことで、従来のトークに比べての有効性も検証していた。

まさに、サービスを科学する「サービスサイエンス」を実践していたことに大変感銘を受けた私は、Iさんの行動の観察にさらに熱が入った。

「営業はとにかく数をまわることですよ」と断言するIさんであるが、確かにまわる数が圧倒的に多く、要領がよく効率的だ。対応も早い。お客さんが希望すれば、次の日でも段取りして再び訪問する。そんなスピーディーな仕事ぶりのIさんが、ある住宅街ではゆっくりと歩き出し、穏やかな目でその家々を眺め始めた。どうしたのかな、と思っていると、Iさんは突然静かに語り始めた。

「このあたりは私がすべて契約していただいたお客さんなんです。営業をしていて自信がなくなりかけたら、ここをよく通るんです」

先にも述べたが、営業マンは孤独な上に数字に追いかけられる大変な仕事である。どれだけ優秀な営業マンであっても、たとえば飲み物をたくさんもらうぐらい感謝されているCさんであっても、お客さんに怒られてしまうことがある。他を圧倒する成績を上げているIさんでさえ、自信を失いそうになるようなことがあっても不思議ではない。だからこそ、こういった「自分の成果」を振り返って、自分に自信を取り戻すことが非常に重要なのであろう。

優秀な営業マンはプレゼンターというよりカウンセラーである、ということはすでに述べたが、カウンセラーという仕事は大変である。相手の言うことを否定せずにすべて受け止めなければならない。お客さんにもいろんな人がいて、中にはたまたまイライラしている人もいるであろう。それでも優秀な営業マンは心理的負荷に耐えながら、考えながら、さらなる成長を目指して活動をしている。このハードさに耐えながら前進するためには、ワーキングマザーと同じで、何らかのポジティブなフィードバックが必要である。それを周りが与えてくれない場合は、やはり自分で自分にご褒美を与えることになる。

ベテラン営業マンの信頼を得る

最初の私の危惧は、「営業マンは、自分のノウハウを教えてくれるのだろうか?」であった。しかし、ワーキングマザーの調査で得た「対象者と信頼を築く」能力のおかげか、調査全体を通じて気持ちよく調査をすることができた。

特に不安だったのは、ベテラン営業マンのJさんに同行したときのことである。Jさんは、もちろん飛びぬけた営業成績を持つ優秀な営業マンだが、調査の前には、「あの人は偏屈だから、ノウハウを教えてくれないと思うよ」という声が聞こえていた。そして、Jさんと初めて顔を合わせたのが、本節の冒頭のシーンである。

Jさんは、営業の世界では有名人で、若い人たちはJさんによく相談に来るとのことだった。しかし、Jさんは、よく陽に焼けた彫りの深い引き締まった顔でこう言う。

「僕はどうすれば優秀な営業マンになれますかね、って訊いてくる若い子が多いけど、答えようがないんだよねえ」

この発言が謙遜なのか、ノウハウを説明したくないのか、それとも本当にそう思っているのかは、そのときはわからなかった。

私は、それまでも営業マンに同行するときには、その人に一日弟子入りするつもりで行動観察をしてきた。本来なら、落語の世界のように住み込みでお手伝いをしながら弟子になるべきところであるが、一日だけなので、荷物持ちでもなんでもした。朝礼での「弟子として勉強させてもらいにきました」というのは心からの言葉だった。それで気に入ってもらえたのかどうかはわからないが、Jさんは最初から私に親切に教えてくれた。

Jさんの営業の仕事は、とても厳しい環境にあった。Jさんの受け持つお客さんは、一度断ったことのある人ばかり、すなわち見込みの低いお客さんだけを受け持っていた。

Jさんがお客さんと話しているのを観察していると、スピーディーなIさんとは全く違うアプローチであることがわかった。本題にすぐ入り、用件をてきぱきと伝えるIさんと違って、Jさんはお客さんと雑談をしている時間が長く、なかなか本題に入らない。その理由は明確である。相手は一度断ったことのあるお客さんなので、信頼関係を作ることが最優先であった。お客さんから、「で、あなたは何をしにここに来たの？」と訊かれることもあるぐらい、雑談をしている時間が長かった。すごい才能である。初対面の人と、これだけ楽しく雑談を長く続けられる人は見たことがない。Ｊさんは考え抜いた結果、最適と判断した上でこの方法を取っていた。雑談の内容一つとっても、その地域の話をしたり、そのお客さんの興味のある話題であったり、Ｈさんの言う「一度脳を通したことを話す」を実践していた。

　Ｊさんは決して饒舌《じょうぜつ》ではない。どちらかというと話し方は朴訥《ぼくとつ》なほうである。しかし、お客さんとは心地よくいろんな雑談を楽しんでいた。なかには迷惑そうな顔をして冷たいことを言うお客さんにも出会ったが、Ｊさんは意に介さない。心の中では堪《こら》えていたのかもしれないが、少なくとも表情や行動に影響は全く見られなかった。

　そんなＪさんは、移動時に様々な質問を繰り出す私を自分のお気に入りの店に昼食に連れていってくれて、さらには私の分まで支払ってくれた。Ｊさんお勧めの美味しいランチ（ステーキ肉の載った焼き飯だった）を食べていると、Ｊさんは言った。

「そろそろ定年なんだよね」

「ええ？　それならもう営業するのはそんなにないのですか？　じゃあ、Ｊさんのノウハウを、後を引き継ぐ若い人たちに教えましょうよ。このままじゃ大変もったいないですよ」

というわけで、Jさんに協力してもらう形で、彼のノウハウをもっと調べることになった。

そのときに頭をよぎったのは、「僕はどうすれば優秀な営業マンになれますかね、って訊いてくる若い子が多いけど、答えようがないんだよねえ」というJさんの最初の言葉である。Jさんと話せば話すほど、この言葉は謙遜でもノウハウを出し惜しみしているのでもなく、本心からの言葉であることがわかってきた。そこで、Jさんの行動をよく観察した上での私の気付きを、直後にJさんにすべて質問してみることにした。Jさんは私の質問によどみなく答えてくれた。

「僕はどうすれば優秀な営業マンになれますかね」という漠然とした一般論的な質問に答えるのは困難だが、「こういうシチュエーションで、こういうお客さんから、こういうことを言われたらどうすればよいか」という具体的な質問に答えるのはJさんにとっていとも簡単なことであった。

若手の営業マンたちは、Jさんへの質問の仕方を間違えていたのだ。もっと具体的な状況を説明した上で、具体的なアドバイスを求めれば、彼は次々と明確に答え、さらにはその解説をしてくれたはずだ。

このような経緯があって、「Gさんの頭の中にある営業トークのフローチャート」のように、Jさんの頭の中にあるフローチャートの「見える化」に着手した。その結果、達人であるJさんがどういう流れで営業をしているかが、誰でも学べるようになった。

果たしてどう教育すべきか？

優秀な営業マンのスキルには、基礎編と応用編があることがはっきりした。基礎編とは、「中級者がすぐにでも取り入れるべき行動」のことである。一方、応用編とは「中級者がすぐに取り入れるのは困難な行動」である。基礎編である「すぐにでも取り入れるべき行動」は、私がEさんにお伝えしてすぐに取り入れることで成績の向上に貢献した四つのアドバイスのように、行動が具体的に記述できて、かつ効果的な内容である。

一方、応用編である「中級者がすぐに取り入れるのは困難な行動」は、Cさんの「お客さんを一目見たらどう接客すればいいかがわかる」というスキルのように普通の人にはすぐには真似ができない。それに、どうすればそういうことができるようになるかがわからないので、指導方法がいまのところはない。

野球にたとえると、基礎編は打者のバットの持ち方や構え方、スイングの仕方であり、応用編はさしずめイチローの振り子打法や王の一本足打法であるといえる。つまり、基礎編はすべての営業マンが共有すべき内容なのに対して、応用編は各人が自分に合うように自分で作り上げていく内容であるといえるだろう。応用編を身につけるためには、優秀な営業マンに共通して見られたように自分で「よく考える」ことが必要である。

これまで営業のノウハウは、「○○さんだからできること」というように個人のものとして閉じていた。それは営業ノウハウの応用編だけに目が行っていたからかもしれない。今後は、教えてすぐに成果の出る基礎編がまずは重要になるであろう。

また、今回の調査を通じてわかってきたのは、売る物や売り方や売るフィールドによって、「ベストな売り方」には共通する部分もあれば、異なる部分もあるということだ。

異なる部分とは、お客さんが買おうかどうしようか意思決定するのにあたって、当然のことながら、お客さんが置かれている文脈（コンテキスト）や環境が大きく影響する部分である。五〇〇〇円の物を買うときと三〇〇〇万円の物を買うときでは買う文脈が大きく異なる。また、営業マンがお客さんを訪問するのか、お客さんにイベントに来てもらうかによって、環境が異なる。

ここに、手間はかかるが現場で行動観察をすることの大きな意味がある。つまり、行動観察を実施すれば、知りたい営業ノウハウについて、文脈・環境の違いを検討する必要はなく、得られた結果をそのまま共有すればよい。

様々な優秀な営業マンを行動観察してきてわかったのは、「優秀な営業マンは行動だけでなく、心構えが違う」という点である。つまり、営業のノウハウとして、基礎編と応用編の二つを包むようにして、「営業マンとしての心構え」がある。これは、HさんのポジティブさやI安易に休まない気持ち、成績を記入した手帳、そしてIさんの自分へのポジティブなフィードバックのように、モチベーションを維持する方法のことを示す。

私が教育をした営業マンの中には、「別に私、いまのレベルのままでいいんです」と言う人もいた。しかし、それは本音ではない。人間はみな、成功し、認められたいと強く願っている。そういうことを言う人も、「レベルアップして周りに認められる」ことが現実に起こることを望んでいる。その人がそんな発言をするのは、「私はすごい人間ではない」ということを言っているのではない。全く逆である。「私は能力の高い人間ですし、その気になればその能力の高さを証明できますけど、いまはその能力を出せる環境ではないので、いまのままでいいんです」というように、「私はすごい人間である」という思いを守るためにそういうことを言うのである。

ではそういう人にはどうすればいいのか？　まずはノウハウに基づく基礎的な行動を一つでも取り入れて、小さくてもよいので成功を体験した上で成長を実感してもらうのがベストではないかと考える。成功するのが嫌な人は、どこにもいない。

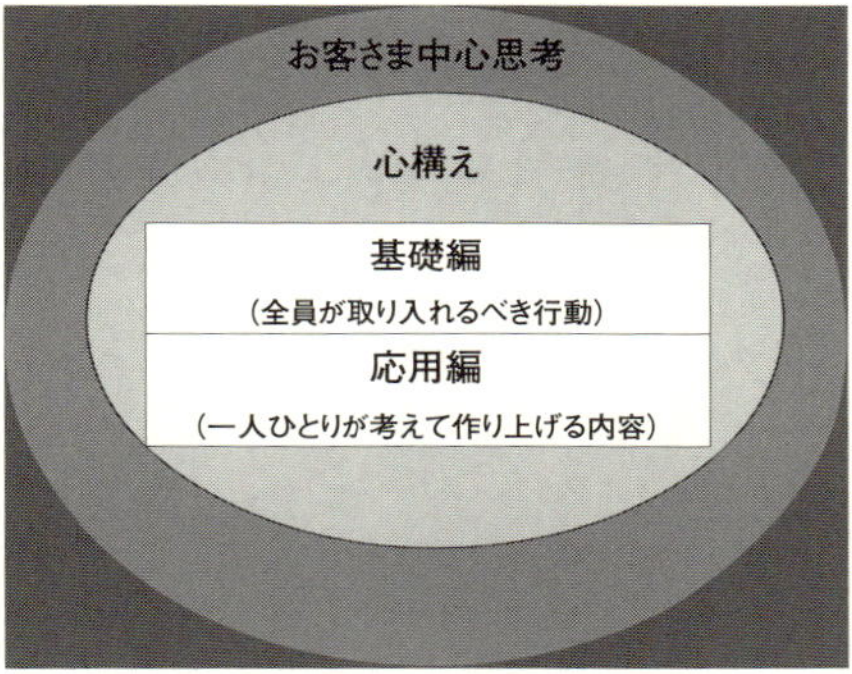

図3　優秀な営業マンの構造

そして、「基礎編」「応用編」「心構え」の三つをすべて包含するものとして、さらに「お客さん中心で考える態度」があると思われる（図3）。

優秀な営業マンはみんな、「目の前のお客さんにどう喜んでいただくか」をベースに考えていた。「私は、自分がされたら嫌だろうな、ということは絶対にお客さまにしません」という言葉を、優秀な営業マンのほとんどの人から聞いた。これが一番の基本であろう。

優秀な営業マンの言動には、営業マン本人が意識するかどうかに関係なく心理学的な裏づけがあることはすでに述べた。これはとても興味深い事実だが、心理学の知見に合致した行動を取り入れるだけではすぐに限界が来るであろう。そういうテクニックだけを取り入れていると、お客さん中心思考がどこかに行ってしまい、「相手を自分の都合のよいようにコントロールしよう」という思考の罠《わな》に陥る可能性がある。こういった営業マンの考え方は、その態度からお客さんにすぐに伝わる。成績が伸びたとしても、焼き畑農業のような営業しかできないし、長期の信頼関係を作ることは難しいだろう。

様々な営業マンと過ごして、感じたことがある。それは優秀な営業マンはお客さんに対するケアが優れているだけでなく、観察者としての私にも優れたケアをしてくれたことである。最初のAさんの「寒くないですか？」に始まり、どの人も一緒に過ごすのが楽しかった。また、終日の長い調査にもかかわらず、調査が終了する夜には、調査を始めた朝よりも、私は元気で晴れやかな気持ちになっていた。一方、普通の営業マンと一日過ごすと、ネガティブな気持ちを聞き、悩みに答えるなど、観察者の私はカウンセラーのように過ごすことになり、終わったときには疲れていることが多かった。

そういう意味では、優秀な営業マンは優秀な観察調査員と同じである。ワーキングマザーの節（1節）で述べたように、観察調査員として重要なのは観察対象者との信頼関係である。そして、優秀な営業マンとして重要なのは、お客さんとの信頼関係である。私は、営業マンの観察をすることで営業のノウハウを抽出するだけでなく、行動観察において重要なことも多く学んだ。その意味で、Jさんにノウハウを教えてもらった上に、さらにお昼までご馳走になったことは、私にとって何よりの勲章であった。

5　オフィスの残業を減らせ

残業だらけのオフィス

カタカタ。カタカタ。「お、Cさん戻ってきたね」「はい、私がカバーします」。カタカタ。カタカタ。「そろそろ在席率をカウントする時間じゃない?」「はい、じゃCさんは松波さん、お願いします」。

私は谷川さんと二人でコンピュータに向かい、モニターに映る映像を注視しながら、キーボードを打ち続けた。もう夕方の五時だ。二人は朝九時からずっとこの状態である。食事も休憩も交代であわただしく取りながら、ずっとオフィスの人の行動を秒単位でカウントし続けた。

モニターに映るオフィスの人たちは大変忙しく働き続ける。コンピュータに向かったり、電話を取ったり、同僚と話したり。それらを逐一入力し続けた。オフィスの業務ではいったい、何に時間がかかっているのであろうか。

私は、ある企業のある部署から、オフィスを観察する仕事の依頼を受けた。担当者は中村哲さんという人である。その部署は本社にあり、要《かなめ》である企画系の部署であった。そのために責任も重大で業務量も多いとのことであった。残業が多すぎるため、なんとかしなければならない、という課題があった。

人間は短期であれば集中的に仕事できなくはないが、長期にわたって長時間労働を続けるといつか破綻する。中村さんを通じて知った職場の人々の声も、「いまはなんとかなっているが、今後もこれが続くとどうなるか」「仕事が多すぎて家庭にも影響が出そう」と不安に満ちていた。また、その職場で危惧されていたのは、「雑用に費やす時間が多くて戦略を考えるなどの本質的な仕事に時間を充分に使えていないのではないか」ということであった。

その部署では、「上司が話しかけすぎているからではないか？」という仮説を持っていて、「上司がむやみに話しかけるのはやめよう」という話が出ていた。

私はさっそく調査のプランを作成し、中村さんと打ち合わせをした。そのときに、「この調査はかなり困難なものになる」ということがわかった。調査に制約があることが判明したからである。その調査の制約とは、

「職場の人たちは忙しすぎるので、同行調査やインタビューはしないでほしい」

という点であった。つまり、ワーキングマザーや営業観察のように、その職場で働く人たちの行動を身近な場所から観察したり、信頼関係を作ってその思いを訊いたりすることができない。ではどういう方法で行動を観察するか、を考えた。そこで、

「オフィスにカメラを何台かつけて、それを別室から観察する」

という方法を取ることにした。販売イベントなども含め、これまでの行動観察調査では、フィールドの中に入り込んで観察をしていたが、今回はフィールドの外から間接的に観察することになった。

「いつまでもつか不安」なほど残業が多い職場をどうすれば改善できるか。そしてフィールドの中に入らない観察調査でよいソリューションが出せるのか。困難なことだらけであるが、新しいチャレンジは望むところである。私はさっそくカメラ設置の準備を始めた。

オフィス行動のカウントの方法

「観察することで、観察対象の人の行動が変わってしまいませんか？」

とよく聞かれる。そういうことはもちろんあるだろう。ただ、普段と違う行動を観察してもあまり意味がないので、なるべく普段通りの行動をしてもらう必要がある。すでに述べた「信頼関係作り」は、普段通りの行動をしていただくために非常に重要である。信頼

関係が築ければ、行動も思いもすべてをオープンにしてもらえる。

しかし、今回のオフィス観察は観察者である私たちは直接対象者と接することができないので、信頼関係を築くのは無理である。また、オフィスが広いので、カメラを全部で六台設置することにしたが、カメラで四六時中見られていれば、行動が変わってしまうかもしれない。そこで、私たちは、カメラを二週間設置することにした。カメラに慣れてもらうためである。

たとえば、保育所をビデオで観察するとしよう。それまでなかったカメラが設置されれば、子供たちはそのカメラに興味を持って、集まってくるだろうし、カメラの前で様々なポーズを取るかもしれない。しかし、そういった状況は何日も続かない。いつしか子供たちもカメラに飽きて普通に遊び始める。二週間にわたってカメラを設置して、前半はカメラに慣れてもらう期間とし、後半に実際の観察とカウントを実施することにした。

観察とカウントについては、職場の人たちの中から対象者を四人選び、二日間集中的に観察することにした。仕事中の行動を一三種類に分類し、職場で働いている時間のうち、それぞれどれぐらいの時間がかけられているか、をカウントすることにした。どの人を対象の四人として選んだのかは職場の人たちには全く明らかにしていない。最終報告会においても、四人はAさん、Bさん、Cさん、Dさんと匿名のままで、それぞれが誰であるかは伏せた。

カウントした結果からそれぞれの人を比較して「○○さんはいつもがんばっているから」「△△くんは雑談が多すぎるんだよね」といった個人レベルの議論になってしまうのを避けたかったからである。万が一、別の評価に使われたりすると、選ばれた対象者に迷惑がかかる。そのため、この四人が誰であるかは、最後まで観察者しか知らなかった。

また、職場の人にはすべて自分の席があるが、どの程度の人数が自席にいるのかもあわせてカウントすることにした。カメラを設置することについては、残業の多い厳しい環境を改善するためということを最初から明らかにしていたので、大きな反対はなかった。

定時内には「正味の仕事」ができない

そうして、カメラ六台に映る映像を私と谷川さんの二人は別室で凝視し、カウントを続けた。秒単位で行動をカウントしたため、冒頭のシーンのようにとてもあわただしい観察調査となった。そしてカウントしたデータを集計したところ、様々なことがわかってきた。

最初にわかったのは、仮説にあった通り、「戦略を考えるなど、本質的な仕事に時間をかけられていない」現実であった。定時内に、自分ひとりで行う仕事（ＰＣで書類を作成する、書類を見る、など）に割けている時間は、四人とも全体の勤務時間の三〇％前後しかなかった。これらの仕事に使う時間は、自分でじっくりと物事を考える時間であり、仕事の「正味の時間」であると考えられる。これは予想すら下回る、驚くべき数字であった。

では、どんな仕事に時間がかかっているのか？　それは「打ち合わせ」であった。すべての時間のうち、会議は四六％もの時間を占めており、人によっては会議が六五％も占めていて自席にいる時間が一〇％しかない人もいた。また、あまりに会議が多すぎるため、会議のダブルブッキングが頻発していた。週に一人当たり、会議のダブルブッキングは平均五時間もあった。当たり前であるが、体は一つしかないので二つの会議に同時に出席することはできない。また、会議資料を準備して作成する時間を考えれば、会議にはもっと時間がかかっている可能性がある。

次に分析したのは、「正味の時間」の中身である。もともとその部署で問題とされていた「上司からの呼び出し」は、実際には非常に少ないことがわかった。定時内であっても、「上司からの呼び出し」は二日間で一人当たり約四回しかなく、時間はトータルでも約九分である。一方、「電話」は定時内に限っても約三〇回あり、トータルで一時間以上かかっている。さらに、「部内者との会話」は五二回あり、その時間はトータルで同じく一時間以上あった。問題は「上司からの呼び出し」よりも、ただでさえ短い「正味の時間」を中断させてしまう「電話」と「部内者との会話」であった。

もちろん、電話や会話でコミュニケーションを取ることは重要である。しかし、それらは集中して仕事をすることを妨げる要因でもあった。一人作業を集中して続けられる「正味の時間がどれぐらい続くか」は定時内では一回平均で三分三九秒であった。しかも、一分以内に中断されることが頻度としては最も多かった。

つまり定時内は、仕事に集中し始めて一分も経たないうちに電話や会話で仕事がいったん中断してしまうということである。電話や会話が終わった後、自分の仕事に戻ることになるが、人間の特性上、「すぐにそれまでと同じように仕事の続きを始める」というわけにはいかない。なぜなら、「さて、さっきはどこまで仕事が進んでいたっけ」という復帰にかかる時間が必ず必要だからである。中断後にそれまでの仕事に復帰するのに二一秒かかるという実験結果もある。集中しようとすると一分以内に途切れ、さらに復帰に二一秒かかる、これでは仕事に集中できない。

少ない「正味の時間」がさらに分断されて、集中が途切れていたのが問題の本質だった。定時が終わって、残業の時間では、集中が継続する時間は平均八分三秒と長くなり、また仕事の時間全体に占める「正味の時間」も六二％にアップしていた。結局のところ、定時内には集中して何かを考えるのはかなり困難で、定時以降になってやっと集中した仕事ができる環境になっていたのだ。

また、オフィス観察をリアルタイムで実施していて、気付いたことがあった。それはCさんの不思議な行動である。Cさんは、打ち合わせの予定も外出の予定もない時間、すなわち本来席にいるべき時間に席にいないことが多いのだ。定時の半分以上の時間、そして二日間合計で九時間以上もの時間、席にいない。

いったいCさんはどこで何をしているのだろうか？　私はカウントを谷川さんに任せて、Cさんを探すことにした。会社の中を走り回って探して、Cさんをようやく見つけ出すことができた。さて、Cさんはどこにいたのか？　「席にいるべき時間にいない」となると、サボっていたのではないか、と思われるかもしれない。実はCさんは自席を抜け出し、ある会議室にこっそり入って仕事をしていた。どうやら、自席にいると集中する時間が確保できないので、その対策としてそういう行動を取っていたようだ。

これら以外にも、様々な実態がわかってきた。その一つが在席率である。一人ひとりに自分の席があるが、どの程度の人が自席に座っているのか、在席率をカウントしたところ、始業から終業までの時間でも平均で三八％しかなかった。このカウントは三〇分ごとに行ったが、最も在席の多いピーク時でも五〇％に達しないことがわかった。つまり、常に半分以上の社員は席を離れているということである。

さらに、「資料を探す」という行動に着目した。二日間の四人合計で一二九回の資料探し行動があった。資料はどこで探しているかというと、「自分の机の上」が圧倒的に多かった。オフィスにはキャビネットがかなりの面積を占めて置かれているが、二日間に四人トータルで二回しかキャビネットを開けることはなかった。一方、机の上には資料が山積みになっていた。しかも、机の左右の両端には資料が高く積み上げられており、その二つの山の間にノートPCを置いて体を縮めながら仕事をしていた。机の上の資料を探すときも、その山のような資料の中から、上のほうの資料を取ることが多かった。つまり、山の下のほうに存在する古い資料を必要とすることはほとんどなく、比較的新しい〝地層〟である上のほうに必要とする資料は存在するようだった。

この「書類の山」はなぜできるのであろうか？　机の上に置いておくほど必要な書類は実際には少ししかないし、山のように積み上げることでわざわざ自分の仕事スペースを小さくするのも不可解である。私たちが考えた一つの仮説は、「ベルリンの壁説」である。もともと、オフィスには人が多い。イベント観察のところ（2節）で述べた、パーソナルスペースを侵されることもしばしばである。そこで、書類でベルリンの壁を作ることで、パーソナルスペースを確保している可能性がある。

行動観察で得られたこれらの実態をもとに、ソリューションを考えた。提案したソリューションは、すぐにとりかかれる「運用上の改善」と、じっくりと取り組むべき「オフィス改造」の二種類である。

運用上の改善

まず、「戦略を考えるなど、本質的な仕事」をするためには、集中が継続する時間をもっと確保する必要がある。そのために提案したのは、以下の二点である。

①**集中タイム**　集中タイムとは、「この時間は集中して仕事をする」と部署全体で決めて、みんなで実施する時間のことである。たとえば、火曜日と木曜日の午前一〇時三〇分から一二時までを集中タイムとして、その時間帯には、「電話」も「部内者との会話」も禁止して、まるで静まった図書館にいるかのように仕事をすることにする。決められた時間帯に「集中を中断する要因」を意図的に絶つことで、集中時間が確保できるのではないだろうか。

②**集中ルーム**　Cさんの取っていた、「会議室にこっそりこもって集中する」という方法を、「隠れてする行動」ではなくて「公の行動」にすることを考えた。つまり、集中するための会議室を用意し、その部屋に行って仕事をしてもよいということにする。た

だし、その集中ルームでは「電話」や「部内者との会話」はご法度で、あくまでも静かに仕事をしてもらう。

オフィス改造による改善

大掛かりな改善となるのでコストと時間がかかるが、オフィスの物理的環境を改善することも効果的である。オフィス改造について提案したのは、次の二点である。

①フリーアドレス　在席率がどの時間にも五〇％に達していなかったため、フリーアドレスにして、専用の机をなくすと、一人当たりの机のスペースが単純に倍になり広々した空間を確保できるようになる。また、フリーアドレスにすると、毎日机の上を片付けることになるため、机の上の「ベルリンの壁」である書類の山がなくなる。個々のスペースが広くなると、気持ちもすがすがしいし、ノートPCを使う作業ものびのびとできる。ただ、ここで注意が必要なのは、実態として座っている社員の数が半分以下であったとしても、席の数を社員の数よりも減らすことはしてはならない。たとえ一時的であっても、自分の席がない、という状態が生まれると、大きなモチベーションの低下につながるからである。

②資料の整理　机の上の資料ですぐに必要な書類はあまり多くない上に、キャビネットの資料が必要とされる頻度は非常に少ないので、キャビネットの資料を倉庫に移動させ、机の上にある資料をキャビネットに移動させる。

「集中タイム」「集中ルーム」はすぐに導入され、「フリーアドレス」もその後導入された。

集中タイムについては、別の部署ではあるが同じ方法で観察とカウントを行い、正味の時間について「通常の定時内」と「集中タイム」の比較を行った。その結果、正味の時間が、通常の定時内では四〇％であったのに対して、集中タイムでは六二％もあった。また、集中時間が継続する時間の平均は、通常の定時内が五分六秒であったのに対して、集中タイムでは一二分一六秒に伸びることがわかった。

集中ルームについては、「担当者がいないと連絡がつかなくなるのでは」といった新たな問題を生む可能性が議論されたが、実際に導入したところ懸念していた問題はほとんど生じず、好評であった。

フリーアドレスについては最も抵抗が強かった。「毎日帰宅する前に資料を片付けるのに時間がかかる」「資料を探すのに離れたところまで行くのは面倒である」という意見が多かった。そのため、フリーアドレスをすでに導入しているオフィスに行き、実際に資料を探す行動にどれぐらい時間がかかるかを計測した。すると、資料探しにかかる時間は、机の上で探すのに比べて、キャビネットに探しに行くと、かかる時間は確かに二倍に増えていた。しかし、両条件の資料探しにかかる時間の差は、一日当たり三分以下であった。つまり、一日にトイレに一回行くぐらいの時間の差しか生じない。得られるメリットを考えれば、三分の負荷を増やしても充分見合うと思われる。

最後のフリーアドレスについては、別の部署で実際に導入し、その前後で比較を行ったところ、正味の時間は七ポイント増加し、部内者との会話の時間は六ポイント減った。また、会話回数は七七%増えた。

席がフリーアドレスになると、場所が広く使えるため、社員は分散して座るようになる。たとえばある人がすでに席についているとして、次に来た人はそのすぐ隣にはあまり座らない。電車の席と同じで、パーソナルスペースの確保のため、一定の距離を持って座っていく。そのため、隣の人との間に空席が生じることになる。すると、別の場所から来て相談事のある人は、すぐ横の席に一時的に座って話ができる。このような形で会話回数が増大したと思われる。

一方で、机の上が常にきれいに片付いているため、長い間雑談をし続けているとオフィスで非常に目立つ。そのために一回当たりのコミュニケーションの時間は短くなっていると思われる。この部署においてはインタビューをさせてもらったが、「無意味に長い雑談が減って、コミュニケーションの質が向上した」との声があった。また、正味の時間は増えたが、会話回数が増えて集中継続時間が短くなったため、このフリーアドレスの部署では集中ブースを後で作るなどの工夫をさらに行った。

コミュニケーションは職場の生産性向上において、非常に重要である。普段から、カジュアルなコミュニケーションがあれば、いざというときに忌憚《きたん》なく仕事の相談ができる。コミュニケーションと集中時間をバランスよく確保できるかがホワイトカラーの生産性向上にとって非常に重要である。

その後、オフィスを設計する際に、観察からコンセプト決め、デザインや運用についてアイディア出しをして、具体的に新しいオフィスを作るようになった。

ホワイトカラー生産性向上の課題

このように、オフィスの行動観察調査において一定の成果をあげることができたが、同時に課題も見えてきた。オフィスにおけるホワイトカラーの生産性については課題だらけであると言ってもよい。

そもそも、ホワイトカラーの生産性とは何であろうか？　通常、個人単位で見た生産性は、アウトプットを時間で割ったものと考えることができる。つまり、一定時間に、どれだけのパフォーマンスを出したか、という指標である。これが工場での製品の生産であれば、アウトプットは「部品を何個作り上げたか」「製品が何台できたか」といったように計測しやすい。しかしホワイトカラーの場合は仕事内容によってアウトプットが全く違う。たとえば人事部門の社員と営業部門の社員、そして商品開発部門の社員では、求められるアウトプットも、その質も全く異なる。そのため、野球の打撃成績を示す打率のように、横一列で比較するのが困難である。

つまり、ホワイトカラーの生産性の部署同士での比較が困難である。「営業部が今年は人事部よりも成果をあげた」と言い切ることは難しい。また、同じ部署でも担当者によって役割が異なると、アウトプットの内容が異なる。

結局のところ、ホワイトカラーの生産性は個々の社員の問題である。個々の社員にとって、「正味の時間」とは何をしている時間であるか、「非正味の時間」とは何をしている時間であるかをまず定義し、「正味の時間」はいま何％であるから、これを一年後に一〇ポイント増やす、といった目標設定が必要となる。

つまり、他の社員や他のチーム、他の部署と比較することなく、個々の社員が「自分が会社の成果に寄与する仕事」とは何であるかを見極めて、自分の中でどうやってその時間を増やすかを考える必要がある。最終的には自分で決めて自分で実行する、自律的な改善が必要となる。人間はすぐ比べたがるので、「あの部署より我々の部署はがんばっているかどうか」を知りたくなる。しかし、ホワイトカラーの生産性においてそれはご法度であり、そこからは何も生まれないと思われる。比較すべき対象は他の部署ではなく、自分自身の過去の生産性である。

また、オフィス観察を通じて大きな課題であると感じたのは、マネジメントである。たとえば、「自分の部署の生産性向上に取り組む」にしても、「なぜ生産性を上げるのか」を社員にどう伝えるか、という問題がある。もし「生産性を上げて社員の数を減らす」という言い方をすれば、モチベーションが下がって生産性を上げるどころではないであろう。「生産性を上げることで余暇の時間を作ってもっと家族サービスをしよう」「生産性を上げて得られた時間で、次のビジネスをみんなで考えよう」といったように、何らかの前向きな理由の説明が必要である。

また、残業を減らすため、という目的であれば、「仕事そのもの」はどうするのか、という問題がある。マネジメント側が本気になって「仕事そのもの」を減らす気があれば、比較的容易に達成できるかもしれない。

さらには、行動観察によって導き出されたソリューションを実施していくときには、マネジメント側のコミットメントが非常に重要である。生産性を上げる取り組みを実施するときに、トップが「まあ、やってみようか」ぐらいの気持ちだと、ほぼ失敗する。

ホワイトカラーの生産性向上はダイエットに似ている。正しいダイエットとは、まず体重や運動量、食事の量を調べて現状を正確に把握することから始まる。現状を踏まえた上で運動や食生活の改善プログラムを実施し、日々体重をチェックして減量の達成感を得て、さらには家族の協力を仰ぐなど全体を最適化して初めてダイエットに成功する。しかも、再び体重が増えないように、継続のための仕組みも必要である。

ホワイトカラーの生産性向上においても、まずは業務実態や正味時間などの事実を把握し、その上で業務の「見える化」や自律改善活動などに取り組み、トップのコミットメントやオフィス環境の改善、ＩＴの活用などを通じて全体の最適化を行う必要がある。さらには再び生産性が下がることのないよう、日々のチェックや改善の達成感を得るなどの継続する仕組みが必要である。

ダイエットはなぜしばしば失敗するのか？　もし、ダイエットを指導している人が「こんな方法で痩せるかなあ？」「少しだけやってみよう」といったように懐疑的な気持ちだったらどうだろうか？　また、楽にすまそうとして努力しなければ？　ダイエットは、最初はつらいものである。運動するのは面倒だし、焼肉に誘われたら「今日一日ぐらい構わないだろう」と思ってしまう。しかし、最初の努力を怠るといつまで経っても改善されない。継続して努力することで、結局は楽になるものだ。また、ダイエット法がつらいばかりで達成感がなかったらどうであろうか？「こんなにきついのなら、ダイエットをやめよう」となってしまうかもしれない。継続するためには、楽しくて達成感があることが大事である。

ホワイトカラーの生産性向上も同様で、トップの強いコミットメントがないと、面倒なことはみんなやらない。するといつまで経っても最初のステップを踏み出せず、長期的には楽にならない。トップが自ら積極的に働きかけて社員に生産性向上のための行動を促すぐらいでないと、生産性向上はなかなか実現できない。

前述のオフィスの行動観察では、フィールドの外からカウントするのがメインであったため、オフィスで働く人たちの価値観の調査がほとんどできず、仕事の内容そのものに切り込んだ調査になっていない。もしかするとコンピュータを操作して遊んでいた人もいたかもしれない。つまり、ホワイトカラーの生産性向上は、最終的には個々の社員による自律的な改善活動にならざるをえない。だからこそ、とても人間くさい「働く人々のモチベーション」が非常に大きな課題なのである。

6 飲食業を観察する

二つの課題

にこやかな着物の女性がゆっくりと店内を歩き、注文を取ってくれる。そしてカウンターにいる板前さんは熟練の手さばきで寿司を握っている。そこはただ空腹を満たすための空間ではない。適度に優雅で適度に活気がある。客席に座っていると、とても落ち着く。

しかし、私はくつろぎに来たわけではない。接客の行動観察のためにそこに座っている。客席の落ち着きと対照的なのが厨房《ちゅうぼう》である。クオリティの高い料理を少しでも早く出すため、特に昼食や夕食のピーク時の厨房は、客席とは全く別の世界である。目と鼻の先にある客席では優雅に音楽が流れてゆったりとした時間が流れているが、厨房ではスタッフが一秒のムダもないかのように、そのときどきの状況を理解・判断しながら動いていて、緻密な団体運動競技のようである。ほとんどアクロバットのように動いている若手もいれば、かなり年配でベテランの女性もいて、動きは信じられないぐらいキビキビとしている。

がんこフードサービス社の調査をすることになったのは、近畿経済産業局と大阪商工会議所が作った関西サービス・イノベーション創造会議という枠組みの中でサービス産業の生産性向上のプロジェクトを実施することになったためである。このプロジェクトは、すべての結果を一般に公開することが最初から前提となっていた。

もちろん、このプロジェクトではしっかりと目に見える改善効果の伴うアウトプットをしなければならなかった。また、プロジェクトの期間が一年間なので、行動観察調査を実施した上で課題を発見し、ソリューションを提案し、何らかの対策を実施して、その成果を検証するというところまで、非常に限られた時間で実施しなければならない。さらには、これまで長年の蓄積のある企業の現場の人たちの行動をもとに、改善効果を出すことができるかどうかなど、求められるレベルが非常に高いプロジェクトであった。

そもそも行動観察は現場に入ることで気付きを得る手法であるため、調査を実施する前に「どういうアウトプットがあるか」をあらかじめ知ることが難しい。いつも通り、心配するよりも先にとにかく現場に入っていくことにした。

特に今回は強い味方がいる。大きなプロジェクトなので、エルネット（マーケティングリサーチ専門の大阪ガスのグループ会社）で行動観察を担当するメンバーが八人以上も加わっていた。そのため、心配どころか期待が膨らむ一方であった。

がんこフードサービス社でのフィールドと内容は、どの飲食業にとっても非常に重要な課題である次の二点であった。

①厨房の生産性向上　生産性を高くして、クオリティの高い料理をお客さまに出すにはどうすればよいか

②接客行動の改善　よりクオリティの高い接客サービスを提供するにはどうすればよいか

厨房の生産性とは？

まず厨房の調査であるが、平日（水曜日）の朝の九時三〇分から夜の一一時まで、六名の観察員が二つのシフトを組んで入れ替わりながら、厨房、パントリー、洗い場にて行動観察を行った。また、行動の定量化のため、厨房内にビデオカメラを四台設置した。

現場に入ってつぶさに実態を観察した結果、二一八個の気付きが得られた。これらの気付きを構造化すると、次のように大きく五つにまとめられる。

①**レイアウト**　振り返り作業や移動によるムダを減らすための厨房レイアウトのソリューション
②**ハードウェア**　厨房スタッフが無理な姿勢を取らなくてもすむための厨房機器のソリューション
③**オペレーション**　調理手順の効率化や業務分担の最適化によるソリューション
④**情報伝達**　連絡事項をわかりやすく伝えることによるソリューション
⑤**組織力**　モチベーション向上やチームワークの強化によるソリューション

以上の五項目のうち、①のレイアウトは、動線を変更したり、調理の手順に沿ったレイアウトにすると改善効果が得られそうだった。また、②のハードウェアでは冷蔵庫の扉で通路がふさがれているなどを改善する余地があった。しかし、こうしたソリューションを実施しようとすると、大幅な改装や什器の入れ替えなど、かなりの投資と時間を必要とする。これらの二点について詳細なレポートを作成したが、コストと期間の問題から本プロジェクトにおいてこれらのソリューションを実施するのは断念せざるをえなかった。

どういう形で生産性向上を実現しようか、と困っていたところに、がんこフードサービスの新村猛常務（当時）から、方向性の提示があった。多忙な業務の中、自らもサービスサイエンス研究に取り組んで論文の執筆もしている新村常務は、本プロジェクトの本質を見抜いていた。それは「料理の品質向上」という切り口での生産性向上である。

もちろん、厨房での人の行動をよく見てムダをなくしていくのも「生産性向上」だが、一方で、③のオペレーションを改善することで業務分担を最適化し、結果として調理のクオリティを上げるという考え方は、ある種の発想の転換である。そこで、現場のオペレーションに着目して、ビデオをもう一度見直すことにした。その場には、がんこフードサービスから新村常務、人事部の山本一文部長、そして私を含むエルネットのメンバーが参加して、ビデオを繰り返し見ることでヒントを得ようとした。

その結果、私たちが着目したのは、調理長の行動である。調理長はかなり高いスキルを持っていて、付加価値の高い料理を調理することができる。しかし、ビデオを見ていると、単純な作業をしている行動がかなり見られた。たとえば、串刺しでは、均等に切った野菜を、竹串に刺すという作業にかなり時間をかけていたり、食材を切る作業に時間を割いていることがわかった。もちろん、これらも重要な調理作業であるが、アルバイトの人でも充分なクオリティでこなすことができる仕事である。

たとえば、フライ料理の盛り付けを調理長が行ってもアルバイトの人が行っても、そのアウトプットとしての価値は変わらない。しかし、企業レベルで見たときには、調理長がするのとアルバイトがするのとでは投入する労働価値が異なる。そこで、現状の労働の量と質を把握した上で、作業者のレベルに合った最適な作業配分を行うことで、より効率的に、高い労働価値を持つスタッフが高いクオリティを生み出すように改善を行うことにした。調理長が付加価値の高い仕事にかける時間を増やすことによってお客さんに出す調理の質が上がると考えたのである。

調理行動の付加価値の高さをランク付けする

さて、「付加価値の高い調理行動」とは何だろうか？　現状の「付加価値の高い調理行動」を定量的に計測して課題の大きさを把握するため、そして改善前後の効果を把握するために、調理行動の付加価値のレベルをどう定義するのかを考えなければならない。

そこで、調理における価値とは何か、を様々な角度から検討した。たとえば、品質が時間によって変化するかどうか、その時間その場所で調理をする必要性があるかどうか、スキルが必要かどうか、などである。その結果、調理行動を次の四つに分類することにした。

付加価値作業（ランク4）：料理の価値を上げる作業（例：野菜の桂むきをする、魚をさばく、

再構成（ランク3）：料理を提供しやすい形に変える作業（例：盛り付ける、材料を切る、だしを温める）寿司を握る）

リセット（ランク2）：準備作業、片付け作業（例：洗い物、材料の補充）

待ち時間（ランク1）：その時間に必要のない行動（例：手持ち無沙汰の状態）

これらの基準に基づき、調理長の付加価値作業の時間を計測した。計測した時間は多忙なランチの時間帯である一一時三〇分～一三時の九〇分間。さて、調理長の付加価値作業は全体の何％を占めていただろうか？

付加価値行動が四分の一から四割へ

結果は、二五・七％であった。すなわち、調理長が付加価値の高い調理作業を行っている時間は全体の四分の一程度であった。また、映像で見ても「多い」と思われた「再構成」にランクされる作業に費やしている時間は四〇・二％もあった。そこでこの結果を調理長に提示した後で、改善すべき作業の洗い出しと配分の最適化を検討して、さっそく実践をしてもらった。そして、七週間後に再びランチのときに撮影を行い、ビデオを分析した結果、付加価値作業が四〇・八％と大幅に増加したことがわかった。

山本人事部長によると、この調理長は社内でも指折りの優秀な料理人であり、その人の付加価値作業が二五・七％だったことには本人もショックを受けていたとのことである。

山本部長はこう語ってくれた。

「調理長が自分自身の行動を客観的に見て、作業の役割分担の割り振りということについて、店の中でしっかりと従業員の方々と話し合いをして取り組みました。気付くということで、これだけ人間の考え方や行動パターンが全く変わってくる、ということにあらためて驚きました」

私は逆に、さすがトップクラスの調理長だと思った。というのは、計測された事実を受け入れ、さっそく改善に向けてアクションを起こし、七週間という短い期間で成果を出したからである。通常、自分が思っているよりもうまくいっていないというデータが出てきたときに、人は「事実の否定」に走ってしまうことが多い。たとえばテストの点数が思ったより悪かったときには、「試験の問題が意地悪すぎた」とか「たまたま体調が悪かった」と自分を守る方向に考えることは誰しもあるだろう。「次回はもっとしっかり勉強しよう」と思ってすぐに行動に移すのは、実は困難である。

この調理長は、いままで自らの努力によって成功体験を積んできたのだろう。そのため、言い訳に走らずに努力できたのだと思う。どんな人であっても、何らかの成功体験を持つことによって言い訳に走らずに努力に向かえるようになるはずである。言い訳をしているよりも成功するほうが楽しいのは、すべての人に共通することなのだから。

笑顔の継続時間

厨房の観察調査と同様、客席における接客行動についても、朝の九時三〇分から夜の一一時まで行動観察を行った。営業の行動観察と同じように、接客が優秀といわれている店舗と標準的な店舗の二店舗を設定し、それぞれ一日ずつ観察を行った。こちらはお客さんがいるのでビデオ撮影は行わず、観察員の目視によって接客のスタッフとお客さんのやり取りをつぶさに観察した。

その結果、両店舗ではスタッフの接客行動がかなり異なることがわかった。たとえば、優秀な店舗では、目を合わせて笑顔で接客することが多かった。

今回の調査よりずっと前に、あるサービス業のフィールドで、同じ事実に気付いたことがある。そのサービス企業のマニュアルには「笑顔でお客さまに接しましょう」という記載があった。しかし、接客が優秀な店舗と、標準的な店舗では、笑顔が維持される時間が全く違っていた。優秀な店舗では、スタッフが常ににこやかでお客さんとはほとんど笑顔で会話していた。しかし、標準的な店舗のスタッフは、来店されたお客さんに笑顔で接するものの、笑顔なのはほんの最初の数秒だけで、「こんにちは」と言うときの「は」のときには真顔に戻っていた。

どのサービス業でも、マニュアルを開けば「笑顔でお客さまに接しましょう」という記載があるだろう。しかし、笑顔をどれぐらい長い時間、どれぐらいの頻度ですべきか、という記載はされていないのではないだろうか。

なぜサービス業において笑顔がとても重要か、それには理由が二つある。一つは、表情と感情がつながっているため、楽しくないときでも笑顔になることで楽しい気持ちが湧き上がってきて、よりよい接客ができること。そしてもう一つは、笑顔には相手を笑顔にする効果がありお客さんが釣られて笑顔になれば、そのお客さんにも楽しい気持ちが湧き上がってくるからである。

必ずお客さんの許可を取る

優秀店と標準店の違いはほかにもあった。たとえば、優秀店も標準店も、どちらも繁忙時間帯はフロアスタッフ全員が接客に追われている。しかし、標準店ではスタッフが焦りからか必要以上にフロア内を走り回っていたのに対し、優秀店では動作は機敏なものの決して走ることはなかった。もちろん、お客さんとしては早く料理が運ばれてくることが望ましいが、雑然として落ち着かない雰囲気の中で食事をしたいわけではない。特に女性スタッフは着物なので、小走りになると草履の足音が遠くまで響いていることもあった。

また、優秀店では、案内する席や配膳のタイミングなど、事前にお客さんから許可を得ていた。たとえば、食事がすんだ皿やお膳を下げるときに、優秀店では「こちら、おすみでしたらお下げしますね？」とまずお客さんに確認をして、了解をもらった後に下げていた。しかし、標準店では食べ終わった皿を、「お下げしてよろしいですか」とたずねながら、お客さんが意思表示をする前に皿に手をかけて下げてしまうということが見受けられた。

理屈だけで考えれば、全く料理が残っていない皿を残しておいてももう食べるものがないのだから、その皿を下げるのにお客さんの許可などいらないという考え方もできる。しかし、お客さんの立場になって考えればわかるが、たとえそれが料理の残っていない皿であっても、必ず意思確認を取った上で応対してくれるほうが気持ちがよい。人間は、「私が状況をコントロールしている」と思ったときに、より充実感を感じるものである。

優秀店の接客のノウハウには他にも様々なものがあった。しょうゆ皿をテーブルに持ってくるときに、お客さん一人ひとりに「そちらのしょうゆを入れてお使いください」と説明したり、お客さんに圧迫感を与えないよう距離を保ったり、気遣う言葉を添えたり、常に誰かが客席をさりげなく見回っていたり、といった数々の接客行動である。これらはすべて「お客さまに喜んでいただきたい」という思いがなければできない、配慮に基づいた行動である。

さて、得られたノウハウを現場の人たちに取り入れてもらうためにはどうすればよいだろうか。私たちは行動観察シートを作成することにした。

育成のための「行動観察シート」

調査で得られた接客ノウハウをもとに、「行動観察シート」を作成した。行動観察シートとは、優秀な接客のノウハウをできるだけ行動をベースに記述し、各従業員が自己採点できるシートである。今回の観察調査では一〇〇個を超えるノウハウが得られたが、これらをがんこフードサービスと調整して三〇項目に絞った。そして、それぞれの項目を五段階（「ほとんどその行動をしていない（〇～二〇％）」から「いつもその行動をしている（八〇～一〇〇％）」まで）のスケールで評価できるようにした。

ホールで接客をするようになって四年以内のスタッフ約三〇人に、この行動観察シートを使ってまずは自己評価してもらった。すると、ほとんどの内容が行動レベルで記述されているため実態に即した形で自己採点ができ、その人の強みと課題点がはっきりとした。

ここで重要なのは、他の人と横並びで評価しないことである。自己採点する人の中には自分に対して甘めに採点する人もいるだろうし、逆に厳しく採点する人もいるだろう。もしこの採点が全員を公平に評価することを目的とするのであれば、自己採点のつけ方を調整したくなるのも理解できる。しかし、このプロジェクトにおける行動観察シートの目的はそこにはない。あくまでも個人の中で自分の強みと課題点を明確にすることが目的である。そのため、評価の中に高い項目と低い項目がありさえすれば、自己採点のつけ方が多少甘くても厳しくても問題はない。

自己評価が終わった後は、その結果に基づいて自分の課題を三項目選び、それについて個人で取り組んでもらった。

このときに重要なのが、その三項目を誰が選ぶかである。普段から働きぶりをよく見ている上司の立場からすれば、「Aさんはやはりこの項目は強いな。そしてこの項目は今後の課題だな」とすぐに理解できるだろう。「じゃあAさん、君はこれと、これと、これに取り組もうよ」と言いたくなる気持ちはよくわかる。

しかし、この三項目を選ぶのは必ずその本人にしてもらわなければならない。その理由は単純である。本人が選んだほうがその後で努力をするからである。あなたが小学生で、夏休みの自由研究に何をするか決めるとしよう。そのときに、先生から「あなたは朝顔の育成日記を書きなさい」とか「あなたは蝶を採って標本を作りなさい」と決められるのと、自分の意思で「朝顔の育成日記」「蝶の標本」に決めるのとでは、テーマは全く同じだとしても、あなたはどちらにおいてより努力するだろうか？

ここが人間の興味深いところで、他人に決められるよりも自分自身が意思決定したほうがより達成に向けて努力する。よほど意志の強い人を別にすれば、「これは私自身が決めたんじゃなくて、あの人がやれと言ったからやっているだけ」というような言い訳が頭をもたげてくるのが人間である。

もちろん、スタッフが「すでに充分できている項目」に取り組む、と言い出した場合は上司がアドバイスをして課題となっている点に取り組むように導く必要がある。しかし、それでもなるべく本人が課題を決める形にすることが望ましい。

課題が決まれば、それをどう改善していくのかを決めて行動計画に落とし込み、一定期間（今回のプロジェクトではほぼ一ヵ月）、その項目と掲げた目標を意識して接客に取り組んでもらう。そして、取り組み期間が終了した後、行動観察シートに現状の行動について再び記入してもらった。その結果、約七〇％のスタッフで行動の改善が見られ、その中でも三項目中二項目以上で改善が見られた人が半分以上を占めた。

前述の山本部長は、この接客の教育プログラムについて、こうコメントしている。

「自分がまだ不十分で、これからまだ憶えて習得をしていかないといけない点を理解する。そして、それに対してどのように自分が取り組んでいく必要があるのかということを上司からのアドバイスも含めて自分で考えて、それを意識するということを続けて行動に移していけば大きく変わると思います。それは、調理長の例と全く一緒です」

この教育プログラムの強みは、現場をよく観察した上で、実際にうまくいっている行動をスタッフみんなで共有する点である。4節で先述した営業のノウハウと同じように、一言で接客といっても、様々な接客がある。

たとえば自動車販売のディーラーという同じ分野でも、高級車を売るセールスと、リーズナブルな価格の自動車のセールスでは同じ「自動車販売ディーラー」といえども接客は異なってくる。異分野ならなおさらである。あるトップセールスの人と話をしたときに、その人はこう言っていた。

「ある商品の営業のノウハウを知ろうと思ったら、そのときにその商品を一番売っている人から学ぶのが一番早い」

7　達人の驚異の記憶術に学ぶ

五〇〇〇人のお客さんの名前を記憶

私は青いシャツにチノパンというラフな服装で、耳にはイヤホンをつけて、大阪・中之島のリーガロイヤルホテルのエントランスに近いロビーに立っていた。私がその行動を追いかけているチーフドアマンは、時間が経つごとにどんどん忙しくなっていく。ホテルで大きなイベントがあるらしく、黒塗りの社用車が次々とエントランスに到着し始めた。あまりにも多くのクルマが短時間に到着したため、かなり広いエントランスであるにもかかわらず、あふれそうになっていた。それでも私の耳には、「〇〇銀行の□□さまご到着です」「△△会社の☆☆さまご到着です」と名前と企業名がよどみなく響き渡っていた。

そのドアマンはお客さんを五〇〇〇人以上記憶していて、即座に名前で呼ぶことができるスーパーマンのような人である。私はインカムをつけていて、到着したお客さんの名前をそのドアマンがホテル内のメンバーに伝えるのを聞いていた。何よりも私が驚いたのは、社用車のタイヤが停止する前に、すでに名前と企業名をインカムで伝えていたことである。まだお客さんの顔も見えていないはずなのに、どうしてそのようなことができるのだろうか？

リーガロイヤルホテルでのプロジェクトも、がんこフードサービス社と同様、関西サービス・イノベーション創造会議という枠組みでの、公開を前提としたプロジェクトである。大阪商工会議所の取り計らいで、リーガロイヤルホテルとサービスの生産性にかかわるプロジェクトが動き始めた。

私はその日、プロジェクトの打ち合わせをするためにリーガロイヤルホテルに向かった。打ち合わせ場所はホテル内の、間接照明が美しい上品な部屋だった。私はクールビズでネクタイもしておらず、非常にラフな格好だったが、リーガロイヤルホテルのスタッフはみんな上下スーツでネクタイもしっかりされていた。

当初は接客の生産性やバックヤードでの生産性に取り組むという話になっていたが、そのときの打ち合わせで、ホテル側から、それまで議論にあがらなかった全く新しい画期的なテーマが提案された。それは「お客さんのことを記憶するノウハウを共有する」というテーマであった。すでにホテル内にお客さんのことを記憶する達人のような人が何人かいるという。書類に記されたテーマの案の概要を聞き終わった私は、即座に「これは面白いテーマですね！」と興奮気味に発言していた。

「お客さまのことを記憶してお名前でお呼びする」というのは、ホテルでは大変に重要なスキルであると同時に、他のどんなサービス業でも通用する汎用性がある、サービス業にとっては基本となるスキルである。しかも、リーガロイヤルホテルのリクエストは、「お客さん記憶ノウハウ」を抽出するだけでなく、若手のメンバーに教育する仕組みを作り、さらには研修を実施してほしい、ということであった。

私のモチベーションは上がる一方だったが、同時に課題もいろいろと頭に浮かんできた。最初に浮かんだのは、「記憶方法は、行動観察でわかるのだろうか？」という点である。お客さんのことを記憶するのは個人的な能力であり、他人からは見えないところで努力をしているのではないだろうか、果たしてその場面を観察することができるのだろうか、そして記憶という「頭の中で起こっていること」を分析できるのだろうか。

次に考えたのは「記憶方法が、もし達人の特殊な技だったら？」という点である。記憶を苦手としている人に、そのスキルを共有して向上することが果たしてできるのであろうか。もしこのプロジェクトが「バイオリン演奏の達人の技をバイオリンの素人に教える」のと同じであれば、相当に困難であることがご理解いただけると思う。さらには、「達人はその記憶術を伝授してくれるだろうか？」という心配もあった。もちろん、これまでと同様に現場に弟子入りする形の調査になるが、今回はその達人に、そもそも「弟子入りを許してもらえるかどうか」がキーであると思われた。
様々な困難が予想され、ハードルは多い。しかし、だからこそそのハードルを楽しく飛び越えたいと思った。

記憶のノウハウをどう調べるか？

お客さんのことを記憶するノウハウをどう調べるか、その方法には工夫が必要だった。そもそも、これまでは観察した結果を人間工学やエスノグラフィー、心理学をベースとして分析してきた。しかし、記憶のノウハウは行動観察するだけでは把握することは困難である。なぜなら観察できるのは接客をしているところに限られており、熟練のホテルのスタッフが個人的に記憶するシーンを観察することは難しいからである。
記憶の手順は、一般的には大きく以下の三つに分けられる。

①符号化（記銘）　顔や名前などの情報を「吸収する」
②貯蔵（保持）　記憶の中に情報を長い期間「保存する」
③検索（想起）　その人と会ったときに、情報を「思い出す」

今回の調査の場合、行動観察だけでは、この中の三つ目のステップである「思い出す」というシーンしかわからない。

そこで、事前に認知心理学における記憶に関係する文献を充分に調べておき、それらを頭の中に入れておいた上で、一つ目のステップ「吸収する」と二つ目のステップ「保存する」については熟練のホテルスタッフにヒアリングすることにした。

このプロジェクトもがんこフードサービス社のときと同様に、エルネットの行動観察のメンバーが中核となり、バーテンダーやウェイター、ドアマンに至る七人のホテルスタッフの観察とインタビューを実施することにした。

七人のうち、私が行動観察とインタビューを実施したのは、五〇〇〇人以上ものお客さんを記憶している安岡貞良さんと、もう一人はカフェ兼レストランの女性だった。まずは二人とも接客で働いているところを行動観察させてもらった。そのときの一部が冒頭のシーンである。チーフドアマンである安岡さんは、来られるお客さんを必ずお名前で呼んでいた。そして時間の許す限りお客さんに話しかけてコミュニケーションを取っていた。さらに次々とエントランスに入ってくる社用車のお客さんの到着を知らせていた。

個別に時間を取ってもらいインタビューをした。どこまで伝授してもらえるのかという不安が嘘だったかのように、いろいろと教えてもらうことができた。なんとか弟子入り候補ぐらいにはしてもらえたようだ。また、安岡さん自身、チーフドアマンとして他のドアマンに記憶する方法を教育する立場であり、ノウハウをまとめることについては前向きな気持ちを持っていた。そして普段から指導している内容や記憶方法について訊いているうちに、驚くべきことがわかった。それは安岡さんの実行している記憶方法が、私たちが調べてきていた記憶に関する論文の知見とことごとく合致していたのである。

たとえば、安岡さんが、お客さんのことを書いたノートを一生懸命読み込むのは夜一〇時ごろの帰宅直前が多いという。これは、認知心理学の知見と合致している。記憶した後に起きたままでいるよりも、憶えた後に寝てしまうほうが圧倒的に記憶に残りやすい。

優秀な営業マンの言動は社会心理学の知見と合致していたが、優秀なホテルマンの記憶方法は認知心理学の知見と合致していたのである。長年の経験から様々な工夫の末に到達した記憶方法だが、ざっと見ても、最低二二個の認知心理学の知見と合致していた。

それでは、安岡さんをはじめとする七人の達人を調査した結果わかってきた、お客さんを記憶するノウハウの一部をここで紹介したいと思う。

記憶については、前述したように「吸収する」→「保存する」→「思い出す」の三つのステップがある。それぞれのステップにおいてどういうノウハウがあったのかを順に述べてみよう。

自分の体験から「吸収する」

まずは顔や名前などの情報をどう吸収するかである。ここには数々のノウハウがあったが、最も大切なのは、どう情報を整理して記憶するか、である。

よく、「顔と名前をセットにして記憶しよう」と言うが、これはとても困難であることがわかった。一般的に、「顔」は憶えていても「名前」が出てこないことがあるのは、多くの人が普段から体験しているだろう。

街を歩いていて、見覚えのある人とすれ違った。あの人は誰だったっけ？　一度名刺交換をしたことがある。そうだ、○○というメーカーの営業担当の人だ。しかし名前が出てこない。といったことはよくあるし、テレビのタレントの名前などはよっぽど有名な人ならともかく、顔は知っているけれど名前が出てこないということがよくあるだろう。

一方、この逆、つまり「名前はよく記憶しているが、顔が出てこない」ということはないはずだ。その理由は単純である。顔は記憶しやすいが、名前は記憶しにくい。顔が記憶しやすいのは、自らの体験と直接つながっているためである。実際に会ってその行動も含めて見ていると、記憶に残りやすい。しかし、名前は（憶えやすい特徴を持つような特殊

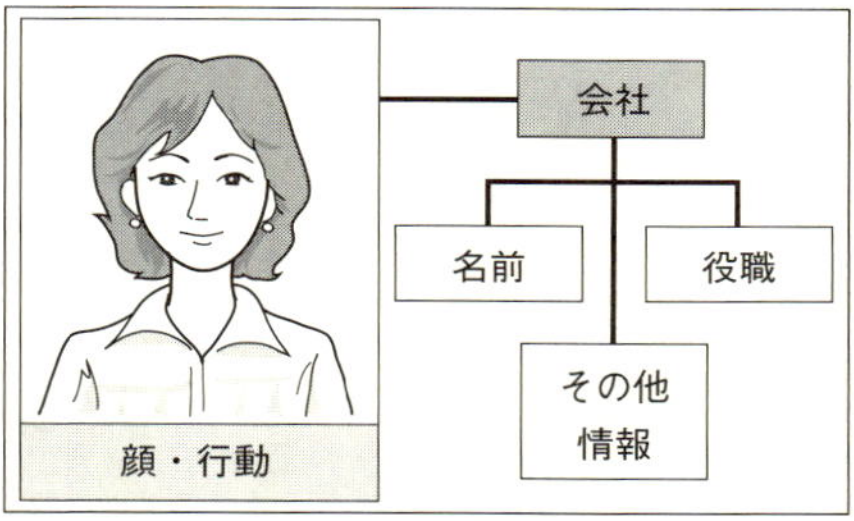

図4　達人のお客さん情報記憶法

な例を除くと）記号に過ぎない。たとえば、金澤さん、鈴村さん、松本さん、保手浜さん、大西さん、久保隅さん、小園さん、といったように名前を並べられても記号に過ぎないので記憶しづらい。

では達人はどのように記憶しているかというと、「顔」と「名前」を直接つなげて記憶しているのではなく、間に「会社」という情報を挟んで記憶している（図4）。

なぜ「会社」という情報を挟むのかといえば、「会社」という情報には、「名前」と違ってストーリー性があるからである。

認知心理学では、個々の情報の羅列よりも、ストーリーのほうが圧倒的に記憶に残りやすい、ということがわかっている。たとえば、「空港」「カクテル」「浴槽」「氷」「携帯電話」「チューブ」「腎臓」という七つの情報を記憶するとき、個々の情報として憶えようとすると非常に記憶しづらい。しかし、次のようなストーリーであればどうだろうか？

フライトまで時間があるので、「空港」に行く前にバーに立ち寄ったら若い女性が近づいてきて「カクテル」をおごってくれると言う。嬉しくなって、さっそく口をつけたが、その瞬間から記憶がなくなってしまった。はっと気がつくと見知らぬホテルの「浴槽」に裸で入っていた。しかも浴槽には「氷」が入っている。すぐ近くに「携帯電話」とメモが置いてあって、「動くな。すぐに救急車を呼べ」と書いてある。すぐに電話して状況を説明すると、相手はまたかといった口調で「腰から『チューブ』が出ていませんか？」と聞いてきた。腰に手をやると、確かに腰からチューブが出ている。「あなたは国際的な臓器の窃盗グループに『腎臓』を一つ取られたんです。いまからすぐに行きます」。

（チップ・ハースほか著、飯岡美紀訳『アイデアのちから』日経BP社、二〇〇八年より改変）

このようなストーリーを聞いた後であれば、「空港」「カクテル」「浴槽」「氷」「携帯電話」「チューブ」「腎臓」という七つの情報は、単に羅列されたときに比べて圧倒的に想起されやすい。ストーリーというのは強力に頭に残る。そのため、昨日見たばかりの個別の情報よりも、桃太郎などの昔話のほうを正確に記憶できるのである（図5）。

「名前」は記号に過ぎないが、「会社」にはストーリー性がある。たとえば、「ＮＨＫ」であれば放送関係の仕事、「大阪ガス」であればガスを供給する仕事、「富士通」であれば製

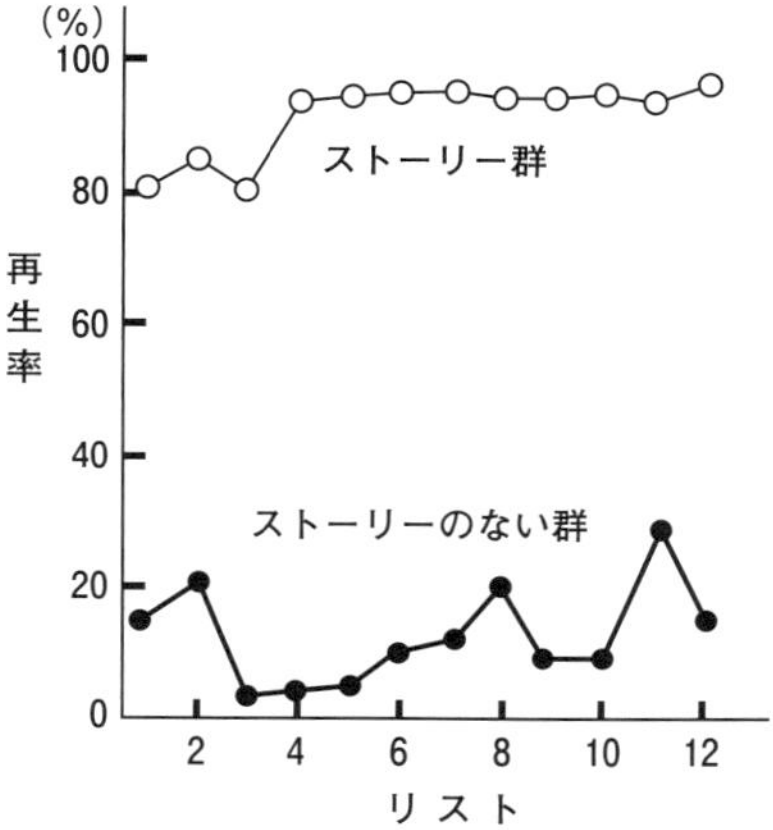

図5　ストーリーを作りながら記憶する効果

森敏昭ほか『グラフィック認知心理学』サイエンス社、1995年（Bower & Clark, 1969）

品を作ったりシステムを作る仕事、といった具合である。

達人は自分の記憶用のノートを作っていて、その中ですべての「名前」は、「会社」でまとめられていた。そしてそのノートを何度も見直すことで「会社」と「名前」を頭の中で結び付けていた。

ドアマンの場合は会社名が非常に重要であるが、一方、レストランで働くスタッフはお客さんの会社名を知ることはほぼ無理である。ではレストランのスタッフは「顔」と「名前」をセットにして憶えているかというと、そうではない。レストランでもドアマンと同様、ストーリーをベースにして記憶していた。「会社」の代わりに、用いられていたストーリーの要素とは、「いつも○○を注文するお客さま」「いつも△△の席に座るお客さま」といった情報である。

また、お客さんのことを「吸収する」ためには、自分の感情と結び付けるのも効果的である。驚きや感動などの感情が伴うと記憶しやすいし、すでに述べたように「聞いたこと」や「見たこと」よりも「体験したこと」は後で思い出しやすい。昨日聞いた話はすぐに忘れてしまっても、自分がどこに新婚旅行に行ったかは普通、一生忘れないだろう。

つまり、お客さんとの出会いを「体験」にすれば、自分の感情とともに記憶に残りやすい。自分の感情は「喜んでもらって嬉しい」でもいいし、「クレームを言われて困った」でもよい。安岡さんがお客さんに積極的に声かけをしていたのには、お客さんとの体験をどんどん作っていくという意味もあったのだろうと思われる。

さらに、お客さんの顔や行動の特徴をとらえるのも有効だ。たとえば、タレントの○○さんに似ているとか、「目の前にいる、○○の花のような雰囲気といった具合である。インタビューのときに、安岡さんに「松波（筆者）をどういう方法で記憶しますか？」とお訊きしてみた。すると、安岡さんは、「松波さんは物まねタレントに似ていますね。その人も名前が『松』という字で始まる。それでもう記憶しました」と答えた。

じつは私はよく元ヤクルトスワローズの古田敦也捕手に似ていると言われる。講演のときに「この人は古田さんの親戚です」と冗談で紹介されたこともあるし、大学で講義をしたときの学生の感想に「古田に似てる」と六文字だけ書かれていたこともある。当然「古田に似ていますね」と言われると思ったのだが、「松という字で始まる物まねタレント」

に似ているなどと言われたことがないので、最初はそれが誰を指すのかはわからなかった。後からわかったのだが、それは「松尾貴史」のことであった。顔のイメージや名前の最初の文字が結び付いていて、さすがに見事な記憶方法である。

私は「古田に似ていると言われるんですけど」と食い下がったが、「いや、全くそうは見えません」と言われてしまった。これもさすがで、記憶する情報が明確に決まった以上は、いたずらに記憶する情報を増やすのは得策ではない。このように常に効率的な記憶方法を選択していたのである。

では、次から次へと入ってくる社用車の場合、お客さんの顔がまだ見えていないはずなのに名前と企業名がわかったのはなぜだろうか？　驚くべきことに、安岡さんはお客さんの「顔」「名前」「会社名」だけでなく、「クルマ」「クルマのナンバー」も記憶していたのである。つまり、お客さんの顔を見なくても、車種とそのナンバーを見ることでどのお客さんが来たのかを把握していた。

クルマのナンバーは数字なので記憶しづらそうに思えるが、これについては我々が$\sqrt{2}$を「ひとよひとよにひとみごろ」と憶えるように、語呂合わせで記憶していた。クルマのナンバーは、最近では自分で選択できるので、企業が何らかの意味を持たせている場合も多く、企業の名前の語呂合わせがそのままナンバーになっていたり、ポリシーなど何らかの意味のある言葉がナンバーになっている場合もあるという。そのため、安岡さんは社用車のドライバーとコミュニケーションを取って、「御社のクルマのナンバーには何か意味があるのですか?」とたずねることもあるという。お客さんに喜んでもらうというプロ意識のなせる業であると感嘆するしかない。

記憶保存に一夜漬けは非効率

「吸収する」に続くステップは、頭に入れた情報を長く維持しておく「保存する」である。どんな記憶も、そのままでは時間とともに忘れてしまう。そこで、その記憶を頭の長期貯蔵庫に送る必要がある。

このステップにも様々なノウハウがあるが、ここでは三つ紹介しておこう。

一つ目は「何度も繰り返して憶える」。繰り返す方法にもノウハウがあって、達人は手元資料の情報を「見る」「口に出す」「聞く」「書く」を何度も繰り返して実践していた。

これらは通常リハーサルと呼ばれる。記憶を貯蔵するには記憶するべき項目を何度も唱えることが有効であり、繰り返した回数が多いほど記憶に残る。また、ただ単純に情報を繰り返すだけではなかなか長期貯蔵庫に送られない。長期貯蔵庫に効率的に送るには、「新しい情報を付加しながら繰り返す」ことが有効である。つまり、基本の情報にどんどんと新しい情報を追加しながら繰り返し憶えるとよいのである。安岡さんがお客さんに積極的に話しかけることで、新しい体験が生まれ、新しい情報が増える。このことで、さらに長期保存が可能となる。

二つ目は「間隔を空けて見直す」である。たとえば、記憶をするときには一晩に一気に憶えようとするのではなく、「朝会社に来たら」「昼食後に」「夕方に」「夜、帰る前に」といった具合に一日に何回かに分けて情報を見直す。つまり、何度もリハーサルを繰り返すにしても、一度にするのではなく、数回に分けて記憶すると有効である。

記憶は単純に連続して情報を繰り返すよりも、断続的に繰り返したほうが効果的である。一度に連続して繰り返すことで記憶しようとすると、その情報を六八回繰り返す必要があるのに対して、断続的に（間隔を空けて）繰り返した場合、憶えるのに必要とされる回数の平均は三八回ですむという。つまり、同じ情報を憶えるのに、何度かに分ける形で記憶したほうが半分ぐらいの回数の繰り返しですむ（マイケル・クーランドほか著、小山晶子訳『世界一わかりやすい脳を鍛えて記憶力を強くする方法』総合法令出版、二〇〇二年参照）。

三つ目は「寝る前や会社から帰る前に見直す」である。一日に何回かに分けて情報を見直すにあたって、特に寝る前は最も力を入れて記憶する。これにも認知心理学上の根拠がある。綴りを記憶してから睡眠するのと、綴りを記憶してから覚醒しているのとでは、後

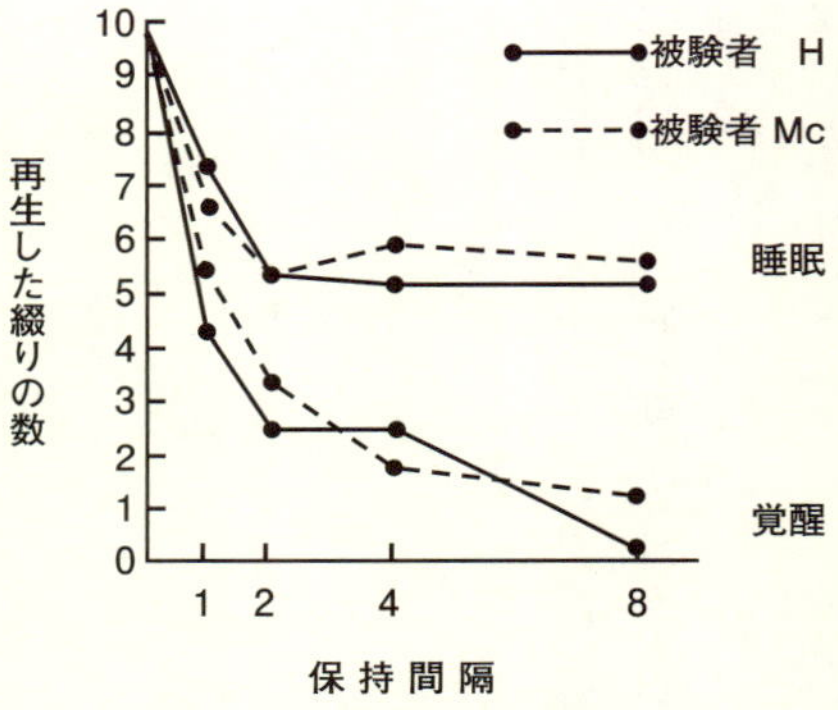

図6　覚醒時と睡眠時の忘却曲線
森敏昭ほか『グラフィック認知心理学』（Jenkins & Dallenbach, 1924）

で思い出せる綴りの数は睡眠を取った場合のほうが多い（図6）。

なぜこういうことが起こるかというと、記憶した後に起きているといろんな出来事が起こって刺激を受け、情報がいろいろと入ってくる。このような精神活動の干渉を受けると、それまでに憶えたことの忘却が進んでしまう。そのため、記憶する努力をした後に就寝して、考え事や様々な刺激を受けずにいると、記憶に残りやすいのである。

安岡さんも、ホテルを夜の一〇時に出る前に一生懸命ノートを見直しており、その後は食事をしてあまり考え事をせずに寝てしまうという。見事なまでに、記憶するための最適な方法を取っていることになる。

この知見についてよく考えてみると、テスト前の「徹夜で一夜漬け」がいかに非効率的な勉強方法であるかがよくわかる。徹夜だと睡眠をしないので記憶の定着が悪いし、間隔を空けずに一度に記憶しようと思えば二倍の時間がかかってしまう。記憶のノウハウを理解すると、効率的な勉強にも生かすことができそうだ。

ストーリーを手がかりに「思い出す」

「吸収する」「保存する」に続く最後のステップは、お客さんにお会いしたときに、頭の中に入っている情報を取り出す「思い出す」である。膨大な情報の中から、いざというときに特定の情報を素早く取り出す必要がある。

このステップのノウハウは、何らかの手がかりをもとに思い出すということにつきる。記憶を「吸収する」部分で示したように、情報を構造化しておき、「ストーリー」を手がかりとしてすべての情報を引っ張り出すことが重要である。

たとえばドアマンであれば、「会社」がすべての情報を結び付けている手がかりなので、お客さんに会っても名前が出てこないときには「何というお名前だったかな?」ではなくて「どういうお仕事をされている人だったかな?」と想起する。会社名が出てくれば、次はノートのどこに情報があったかを思い出す。そうすると「会社」を手がかりとして、すべての情報が芋づるのように出てくる。レストランのスタッフには、名前を思い出すのにその人と以前に出会った状況を振り返る人もいたが、これも「ストーリー」を手がかりとした想起方法である。

記憶ノウハウの基礎

安岡さんへのインタビューの中で、私が、「お客さまに声かけをよくされていましたね。それは認知心理学的にも、記憶の長期保存に非常に役立っています」という解説をしたところ、安岡さんはこう答えた。

「顔を憶えるためというより、お客さまに喜んでいただくために声かけをしています。好きこそものの上手なれといいますが、人と接するのが大好きです」

安岡さんの記憶のノウハウは達人のなかでも飛びぬけているが、そこに至るまで努力を続けられたのには、この「お客さまへの関心」が基礎としてあった。記憶のノウハウを支える土台は「お客さまに喜んでもらいたい」というマインドである。安岡さんからは、数々のエピソードをお聞きすることができた。安岡さんはお客さんのことをよく記憶しているが、お客さんによっては、「どうして私の名前を知っているのか?」といぶかしく思う人もいるという。

安岡さんはそういうお客さんのこともしっかり記憶していて、次からは名前で呼ぶことはないという。さらに、花粉症の季節にお客さんがマスクをしていて顔がほとんど見えなくても名前はわかるし、三年ぶりにホテルに来た人でも名前がわかるという。久しぶりにホテルに来たときに名前を憶えてもらえていれば、お客さんは感激するだろう。すべてはお客さんに「最高の瞬間」を届けるためである。

研修プログラムで浮かび上がってきた課題

調査の結果得られたノウハウは、マニュアルにまとめるとともに、お客さんを記憶する練習ができるように、様々なお客さんが登場するＤＶＤを製作した。ノートパソコンを操作していたり、雑誌を読んでいたり、個人の普段の行動も盛り込んだ上で、名前、企業名、役職、部屋番号などの情報を二〇人分収録したこのＤＶＤを用いて、記憶ノウハウの教育と記憶のテストを実施した。

研修プログラムを受講してもらったのは勤続二〜四年を中心とした一三人のリーガロイヤルホテルの従業員である。その研修プログラムは次の通りである。

①様々なお客さんが一〇名登場するビデオを視聴
②一〇日後に記憶テストを実施（記憶ノウハウを学ぶ前）
③記憶ノウハウ研修を受講
④新たな一〇人のお客さんのビデオを視聴

⑤一〇日後に記憶テストを実施（記憶ノウハウを学んだ後）

記憶テストは、写真だけを見せて、その人の名前や企業名などを記入してもらう形で実施した。その結果、研修を受ける前と研修を受けた後の記憶テストのスコアを比較したところ、七人のスコアがアップしていた（研修前後で同スコアだったのが二人）。

研修の感想には、「寝る前に記憶する努力をするようになりました」「全く会話したことのないお客さんでも名前を憶えられるようになりました」とのコメントがあった。

ただ、課題も同時に浮かび上がってきた。それは研修プログラムの内容である。お客さんの記憶ノウハウを伝えることに一生懸命になりすぎてしまい、とても大事なことを伝えるのを忘れていた。

大事なことは記憶ノウハウを努力して習得してもらうためのモチベーションである。記憶ノウハウそのものはしっかり抽出できたと思う。しかし、記憶ノウハウを実行するにはかなりの努力が必要である。一日に四回も五回も、声に出したり書いたりしながら記憶しなければならないのだ。それを多忙な中で実施しようと思えば、モチベーションが高くないと続かないであろう。時間的な余裕があれば、ノウハウを一度にすべて教えるのではなく、「まずはこれを一週間実施しましょう」といったように段階的に実施すべきであった。

また、努力を続けるためのモチベーションとして、「お客さんに喜んでもらうため」という点をもっと強調してからノウハウを伝えるべきであった。さらに、がんこフードサービス社で実施したように、「どのノウハウに取り組むか」を自分で決めてもらってもよかったかもしれない。

つまり、どのようなノウハウであっても、「ノウハウがわかりましたから教育しましょう」だけでは不十分なのである。今回は研修に参加したリーガロイヤルホテルのスタッフのモチベーションが高かったので、モチベーションに関する工夫を全くしなくても半分以上の人の成績が伸びたが、普通はモチベーションが高い人たちばかりとは限らないので注意が必要である。このように、サービスサイエンスでは、結局はフィールドで働く人たちのモチベーションの話に戻ってくることになる。

優秀者はノウハウを教えたがっている

今回のこの結果を見ても、「サービスのフィールドで成功している人」には理由があり、その行動にはしっかりとした根拠があることがわかる。

安岡さんの記憶力は突出している。記憶の天才と言ってもよいだろう。水泳の選手にたとえれば、オリンピックのメダリストである。全く泳げない人から見れば、「あの素晴らしい泳ぎはあの人だからこそできるのであって、私にはできない」と考えるのも無理はない。しかし、（メダリストと同じ記録を出すのは不可能かもしれないが）全く泳げない人が泳げるようになるために、そして泳げる人がもっと速く泳げるようになるために、メダリストの泳ぎ方から学ぶべきことは多々ある。

また、すべての人が安岡さんレベルの記憶力を真似するのは困難でも、安岡さんの不断の努力から学ぶことで記憶レベルを上げることはできる。それは、安岡さんが認知心理学の観点から見ても「最も負荷が少ない効率的な方法」で記憶をしているからである。

今回のプロジェクトは安岡さんから様々な方法を教授してもらえたおかげで、ノウハウについて豊富な情報が得られた。しかし、一般的には、実践的で有効な仕事の仕方について、「ノウハウを社内で開示して他人に教えるなんて、誰もしないですよ」という声をよく聞く。「なぜですか？」と訊くと、「自分のノウハウを真似されたら自分の優位性が保てないからですよ」という答えが返ってくる。それは本当だろうか、とずっと思っていた。

私は、「現場で優秀な人たちは、ノウハウを教えたいという思いを基本的に持っている」と考えている。

ではなぜノウハウの共有が進みにくいのか？　それには理由がいくつかある。営業の節でも述べたように、「私はどうすればよいでしょうか？」といった相談ではあまりにも漠然としていて答えようがない。また、どうすればよいかがわかっていたとしても、もし根拠を問われればうまく説明しづらいので、教えるのを控えている場合もあると思われる。さらには、信頼できない人物が教えを請うてきても、自分の経験を語ったりはしないであろう。また、個人間、部門間での競争が激しすぎて、文字通り「自分の競争上の優位性を保つため」にノウハウを隠しておく場合もあるだろう。

　サービスの現場の生産性を向上させるためには、これらの環境的要因を取り払う必要がある。たとえば、現場で優秀な人に弟子にしてもらった上で「こういうときにはどうすればよいでしょうか？」と具体的なシーンをもとに相談するとか、社内の競争よりも他社との競争を優先することを明確にした上で、「ノウハウを広めたほうが評価される」ように会社の仕組みを変えるといった工夫が必要である。

「この方法は石原さんが考えたから、これからこの方法を石原方式と呼ぼう」といったように、ノウハウにはそれを考えた人の名前をつけるなどのルールを作れば、みんなは良い意味での自慢話や苦労話（こういう努力をしたらこういう効果が得られた）を自然と共有するようになるのではないだろうか。

8　工場における生産性向上と品質向上という古くて新しいアプローチ

工場の生産性向上に挑戦

様々な音が交錯する。耳につきささるブザーのような音や、甲高く響く金属がこすれるような音、そしてプシューーーーという気体が噴射されるような音。多くの人々が熱心に働いていて、様々な音が聞こえてくるが、人の声は全く聞こえてこない。外から建物の中に差し込む光は朝とは全く違っていて、明るかったところが暗く、暗かったところが明るくなっている。

太陽がじわじわと時間をかけて動いている間、工場の中で働く人たちは黙々と仕事を続けていた。部品を運ぶ人も、組み立てる人も、出来具合をチェックする人も、みんな動きは思ったよりもダイナミックである。これは相当肉体的に疲れるのではないだろうか、と思った瞬間、休憩のベルが鳴り、みんな持ち場を離れ始めた。そのときの休憩の取り方に、私は驚かずにはいられなかった。

行動観察についてのそれまでの成果を論文にまとめ、関西IE協会に応募したところ、二〇〇九年度関西IE大会「生産性向上、競争力強化 改善・革新事例」の部門で優秀賞をいただくことができた。その論文には、本書でも触れているワーキングマザーのニーズ調査やイベント、オフィスの生産性に加えて、工事の安全性や生産性の事例について記載した。

IEとは、Industrial Engineeringの略で、「ラインのデザインや仕事の分担の最適化によって生産性を高める学問分野」である。対象とするフィールドは、もちろん生産現場である工場がほとんどである。生産性向上のため、様々な方策が検討されており、そのアプローチは非常にロジカルである。

行動観察に関する取り組みで優秀賞をいただいたのはいいが、その時点ではまだ工場の観察調査を実施したことはなかった。そこで、受賞を機に工場の調査を実施することにした。IEの手法を用いての工場の調査は専門家の手によって多々なされているので、私たちは異なるアプローチを取ることにした。それは、生産に従事している人だけでなく管理部門の人も含む、現場で働いている人たちの「動き」よりも「心理」に焦点を合わせた行動観察調査である。

以前、私たちは工事現場での行動観察を実施したことがある。そのときの気付きも踏まえれば、工場の行動観察でもよいアウトプットが出せるかもしれない。そこで、テスト的な意味も含めて実施する工場を探し、「企業名の匿名」と「結果の公開」という条件で、ある企業から了解を得ることができた。了解をもらったのはある大型機器の生産工場で、約五〇人が働いている。

まずはじっくり社長にヒアリングをした。社長の語った課題や懸念は次の通りである。

○ミスが多いこと　：特定の作業工程や、部品配りでミスが多い
○報告なしの手直し：製造工程での検査でミスが見つかった場合は修正したことを報告しなければならないが、その連絡がないことがある
○モチベーション　：働く人たちが会社に対してどう思っているのかがわからない。派遣社員から正社員にすることもあるが、ずっとこの会社でやっていこうという気持ちが感じられない
○工場見学案内　　：工場を訪れる見学の人へのサービスを向上させたい

なかでも社長が大きな課題と考えていたのは、「生産性の向上」「製品の品質向上」であった。

私たちの行動観察でも、ＩＥ手法とほとんど同じアプローチを取ったことがある。たとえば工事現場の生産性向上のプロジェクトにおいては、ストップウォッチを片手に、どのステップにどれぐらいの時間がかかるのかを計測し、そしてそれぞれの工程を誰がどのように担当すればムダを減らせるか、という分析を行った。しかし、今回の工場ではあえてそのアプローチを封印し、現場の文化や働いている人たちの思いを中心として分析することにした。

調査の方法としては、四人の観察員が工場に入り、二日間にわたって行動観察をするとともに、二日かけての九人のインタビュー調査を実施することにした。

準備は整った。しかし、工場という私たちにとって新しいフィールドで、しかもすでにＩＥ手法という完成度の高い手法があるにもかかわらず、異なるアプローチで成果が出せるのだろうか？

「作業工程飛ばし」のミスはなぜ起きるのか？

行動観察は、朝礼開始から、生産工程、休憩、昼食、ＱＣ（Quality Control）活動、果てには年度方針発表会にまで及んだ。これらの実態をつぶさに観察するとともに、そこで働いている人たち、部長や期間契約社員を含む九人からじっくりと話を聞いた。

調査の中で、社長の語っていた課題の実態が見えてきた。そして同時に、この工場の多くの素晴らしい点に気付かされた。

その一つは、自由に発言できる雰囲気である。そして「とにかくやってみる」という考え方は、自由なアイディアを促進し、スピーディーで実践的なアイディアも期待できるため、非常に効果的である。インタビューで「他の工場と比べて社内の壁は低い。自由に発言できる雰囲気がある」と断言する人もいた。

また、QC活動については各参加者が趣旨をよく理解し、熱心に取り組んでいた。話し合いで疑問点が出てくると、すぐにメンバー全員で話の対象となっている現場に移動して実物を見ながら議論を進めていた。意識が高くなければこうはいかないであろう。

しかし、これだけ熱心な現場であるのにもかかわらず、社長が課題にあげたミスはなぜ起こるのであろうか？　社長があげたミスには、「特定作業工程でのミス」と「部品配りのミス」の二種類があった。まずは「特定作業工程でのミス」についての実態をよく調べると、それは「作業工程飛ばし」と呼ばれるミスであった。たとえば、「手順A→手順B→手順C」の順に行う、とマニュアルに記載されている工程があったとする。ルール上はその工程で実施しなければならないが、実際には「手順B」を行わず、「手順A→手順C」という順に行われるのが、「作業工程飛ばし」のミスである。

このミスは工場に限らず、様々な現場作業で頻繁に起きている。下手をすると大きな事故につながることがあるので、多くの企業でこのミスをいかになくすかが共通の課題となっている。

私たちはすでに過去の調査において、この種のミスの背景にはどういう原因があるのかを調査していた。その結果によると、こういった「作業工程飛ばし」のミスが起こる原因として、その現場の「モチベーション」と「安全文化」に課題があることがわかっていた。たとえば、鉄道会社が実施した調査においても、モチベーションと事故の発生率には逆の相関があることがわかっている。これらのミスを防ぐためには現場の人たちのモチベーションを上げる必要がある。

では、モチベーションは何で決まるのか？　私たちの調査したところでは、モチベーションと最も密接に関係しているのは「適職性」であった。つまり、「その仕事が好きか、自分にとって合っていると感じているかどうか」である。

このような蓄積があったので、この工場においてモチベーションに関係する要素はどうなっているのかを見ることにした。工場内を歩いていると、個人別の一覧表が貼り出してあるのに気付いた。何の一覧表かと思って詳しく見てみると、それは個人別のミスの数の表であった。そして、一ヵ月で最もミスの少なかった人には「ベスト」と表記されたマグネットが置かれていた。と同時に、「ワースト」と表記されたマグネットがあり、最もミスが多かった人の名前の上に置かれていた。

「一ヵ月で最もミスが多かったのは○○さん」ということ自体は動かしようのない事実ではあるが、それをマグネットで示すのはモチベーションにおいて、問題がある。なぜなら、人間は「ラベリング効果」によって大きく影響を受けるからである。人は、その人に貼られた「ラベル」に沿って行動する傾向があり、「良いラベリング」は良い効果があるが、「悪いラベリング」は悪い効果をもたらす。

たとえば、先生が生徒に「君たちは算数がすごくできるね」と言い続けるクラスと、「君たちは算数がダメだね」と言い続けるクラスがあると、前者のクラスでは生徒たちの算数の成績はよくなり、後者のクラスでは算数の成績は下がる。この効果は、最近ではトイレ内の表示にも応用されている。出かけたときにトイレに入ったとする。最近のトイレには、「使用後は必ず水をお流しください」といった表示がよく貼ってあった。一昔前のトイレの表示は「トイレをきれいにお使いいただきありがとうございます」と書かれていることが多い。この二つでは、表示を作った人がトイレ利用者をどのような人だと考えているのか、が全く異なる。前者の表示では、トイレ利用者を「こちらが言わないと、あなたは水を流さない人だ」とみなしていると感じられてしまう。後者の表示では、「あなたはトイレをきれいに使う人ですよね」と考えていることが伝わってくる。「水を流さなくて汚す人」「きれいに使う人」のどちらをメッセージとして出すかによって、トイレでの行動が影響を受けるのも「ラベリング効果」である。

そこで、個人別ミスの表の「ベスト」表示は残し、「ワースト」表示はなくすことを提案した。良いラベリングのみを残すことで、「ベスト」とラベリングされた人はこの仕事に「適職性」を感じてモチベーションが上がれば素晴らしい。また、ミスが多い人が周りの人から「ワースト」とラベリングされて「自分はそういう人間である」と思い込むような事態になることを避け、「私はミスが多かったが、それに甘んじる人間ではない」と次はミスを減らすべく密かに決意を新たにしてもらえればよい。

余談ではあるが、日本では血液型と性格に密接な関係があると信じている人が多い。外国にはほとんどない現象で、多くの心理学者が両者の関係を調査したが、その相関性を示すデータは得られていない。心理学者の関心は、「血液型と性格には関係がないのに、どうして関係があると思ってしまうのか」という点に移っているが、その理由の一つがこの「ラベリング効果」であると言われている。たとえば、「芥子さん、血液型はA型ですか。そうでしょうね。芥子さんは真面目ですからね」といった会話をあなたもこれまでに聞いたことがあるだろう。「あなたは真面目」とラベリングされた芥子さんは、その結果本当に「真面目」になっていく。つまり、「関係がないことであるのに関係があるように自ら導かれてしまう」ということである。

さらに工場や工事の現場を観察していて、「これはワーキングマザーと同じだな」と感じることがあった。それは、「完璧に仕事をこなしても別に褒められない。しかし、いったん失敗やミスがあると怒られる」という点である。

一〇〇点が当たり前で、九五点だとそのマイナス五点のところを指摘される。これが毎日繰り返されると、人間としてはかなり辛いであろう。この工場では「ベスト」という称号を与えるなど、「完璧に仕事をこなすことを褒め称える」文化もあったが、普通の職場では褒められることよりも問題点を指摘されることのほうが多いだろう。

「部品配りのミス」の原因

もう一つのミスである「部品配りのミス」はどのように起こっているのであろうか。部品配りの担当者を追跡しながら観察したところ、様々な要因が浮かび上がってきた。

担当者が部品を配る先の棚には部品のコードがアルファベットや数字で表記されている。そして部品の入った箱を配布するのだが、箱には部品のコードが書かれた伝票が貼られている。部品配りの担当者は、棚のコードと箱のコードを照合して、同じコードの入った箱を配布しなければならない。

しかし、部品配りの担当者は、すべての場合において必ずしもすべてのコードを確認しているわけではなかった。部品配りの担当者はかなりの数の部品を配り続けなければならないので、いい意味でも悪い意味でも作業に慣れが生じていて、一つひとつを丁寧に確認することはなかった。つまり、部品を配る作業が「自動化」していたのである。これは、前述の「作業工程飛ばし」のミスと同じようにモチベーションが関係している。

また、ミスが生じやすい物理的な要因も存在した。それは、コードの書かれた伝票が貼られている位置が、部品を入れる箱の上や側面などばらついていたことや、間違いやすいコードがあったことである。たとえば、人間が間違えてしまいやすい表記として「XとK」「IとL」「OとQ」「UとV」「TとY」「Iと1」「Sと5」などがある。

物理的なソリューションとしては、伝票の表示を改善して、伝票のコードと棚のコードの場所を近くして照合を容易にする、間違えやすいアルファベットや数字の組み合わせを避ける、伝票を貼る場所のルールを統一する、などがある。

また、運用面でのソリューションとしては、指差呼称がある。指差呼称がヒューマンエラー防止と効率性の観点から有効なのはすでに証明されている。ただ、科学的に有効性が検証されているからといって現場の人が指差呼称を徹底して行ってくれるとは限らない。

もし現場の人がなかなか指差呼称を取り入れてくれなかった場合は、ＱＣ活動のテーマを「指差呼称の実施」にすることを提案しておいた。理由は、自らが説得される側に立たされるよりも、他者を説得する立場に立ったほうが行動に取り入れてくれる可能性が高いからである。

手直しをしても報告しない理由

生産工程のある検査のプロセスにおいて、検査の担当者がある部分に手直しをしたのにもかかわらず、義務付けられている報告を行っていない実態は確かに存在した。その担当者にインタビューしたときに、その理由を訊ねると、以下のような回答がかえってきた。

「難しい修正箇所に気づくとやりがいを感じる」
「担当者が忙しいときに、自分の手直しのことで声をかけるのは申し訳ないように思う」

つまり、この担当者は、自分の行った手直しについて、「自分の行っている手直しは普通の人であればそのままＯＫを出すような非常に些細《ささい》な点についての修正なので、他の人の手を止めてまで報告するには忍びない」と考えていたのである。

ここでの課題は、「検査の技術が継承されないリスク」と「間違った手直しを行ってしまうリスク」を担当者に理解してもらうことと、微細な手直しで担当者を呼び出すことの心理的負担をどう小さくするか、である。

この問題を解決するためには、一つは緊急性と重要性のレベル設定が必要である。「いくら微細な手直しであっても必ず報告する」「微細で緊急性が高くない修正であれば、アイディアとしてまとめて報告する」など、一定のルール設定をすることがソリューションになりうる。また、担当者を呼ぶのに心理的負担を感じるというのは重い課題である。「昨日見たテレビ」の話など仕事に関係のない話であっても、普段のカジュアルなコミュニケーションを促進する必要がある。

印象に残る工場見学とは

その工場では、様々な企業の求めに応じて、工場見学を実施している。工場見学をよりよいものにするため、私たち四人はさっそく工場見学ツアーを体験させてもらった。まず会議室に集まってその会社についての説明を受け、その後工場内を案内してもらい、ラインの流れに沿って解説を受けた。

その見学に特に問題はなかったのであるが、もっとよくするための方法をいくつか提案させてもらった。その一つは、会議室での説明の内容において、データの話（創立年月日など）は極力減らし、この会社・工場の価値観がよく表れた実話エピソードを盛り込むことである。

ホテルマンの記憶術のところ（7節）でも述べたが、人間は個別の情報よりもストーリーのほうが記憶に残りやすい。また、工場の観察をしているときに気付いたことだが、工場内には生産工程のトレーニングのための用具が充実していた。ロープを輪に通したり、部品を移動させたり、ゲーム感覚でトレーニングできる用具があって、そこには成績データも貼られていた。そこで、見学者にそのトレーニングを実践してみてもらうことを提案した。自分の成績と比較すれば、その工場で働く人たちがいかにすごいスキルを持っているかを実感を持って理解してもらえる。また、単純に見たことや聞いたことよりも体験したことは記憶に残りやすいので、「あの工場はすごくて、こういうトレーニングをしていて……」といった具合に見学の後に語ってくれる可能性もある。

心理的ストレスという「潜在的な課題」

ここまでは、調査前に社長が語っていた課題についての調査結果とソリューションについて述べてきた。これらは、社長が明確に認識しているので「顕在的な課題」である。一方、調査を進めていく中で、事前に社長が指摘しなかった課題が見えてきた。その「潜在的な課題」とは、「心理的ストレス」と「コミュニケーション」であった。

工場に入ってラインで働いている人たちを見て最初に思ったのは、「体の動きがかなりダイナミックだ。一日立ちっぱなしで体をこれだけ動かしたら、肉体的に相当疲れるのではないだろうか」という点であった。

しかし、定期的に訪れる休憩時間での行動を観察して、「いや、違う。体の疲れよりも、心の疲れのほうが大きいようだ」と考えを改めた。工場の中には、休憩用の椅子がたくさん用意されていた。しかし、その椅子に座る人はとても少なかった。ではほとんどの人たちはどう休憩していたのか？　椅子の近くにはテント仕立ての小さな喫煙スペースが用意されていたが、大勢の人たちはその狭い空間の中に入って立ったままでタバコを吸っていた。

体が疲れているのであれば、迷わず座ってゆっくりと体を休めるはずである。しかし、混みあった狭いスペースの中で立ったままであってもタバコを吸っているということは、座っての肉体的な休息よりもタバコを吸うことで心の疲れを癒すことを優先していると考えられる。

そこで、インタビューで「体と心、どちらが疲れますか？」と質問をした。すると、ほとんどの人が迷わず「心ですね」と答えた。例外的に「体です」と答えた人が一人いたので、その人にはさらに「体のどこが疲れますか？」とお訊きしたところ、「目です」との答えであった。目は脳と直接つながっていて脳の一部分であるともみなせる部位である。

では、ラインで働く人たちは、なぜ「体よりも心」が疲れるのか？　その理由はいろいろあるが、最も大きいのは、「間違えてはいけない、常に注意を要する作業を、何度も何度も繰り返し続けること」にあると考えられる。ある人は、インタビューでこう表現した。

「この作業を担当してね、と言われて、その作業を一日何回も何回も繰り返して、次の日に会社に来たらまた一日ずっと同じ作業をして、それが一週間続いて、一ヵ月続いて、ってなってくるとほんと大変ですよ」

人は同じことを何度も繰り返すことには向いていないようだ。前述の検査の担当者のように、繰り返しの中で何らかの工夫を始めるほうが人として自然なことである。

ではどうすればこの心理的なストレスを緩和することができるのか。私たちが考えたソリューションは、次の三つである。

①休憩場所に自然物（緑、魚など）を置く（図7）　自然物を見ると集中力が回復する効果がある（3節で前述）。

②座ってタバコを吸える環境を提供する　狭いところでタバコを吸うよりも、広い場所

で座ってタバコを吸うほうが休憩の効果は大きい。

③**騒音を減らす** 冒頭のシーンにあるように、工場内には騒音が多い。環境心理学の知見によると、騒音の大きい場所では、協力行動が減るので、なるべく騒音は小さいほうが望ましい。

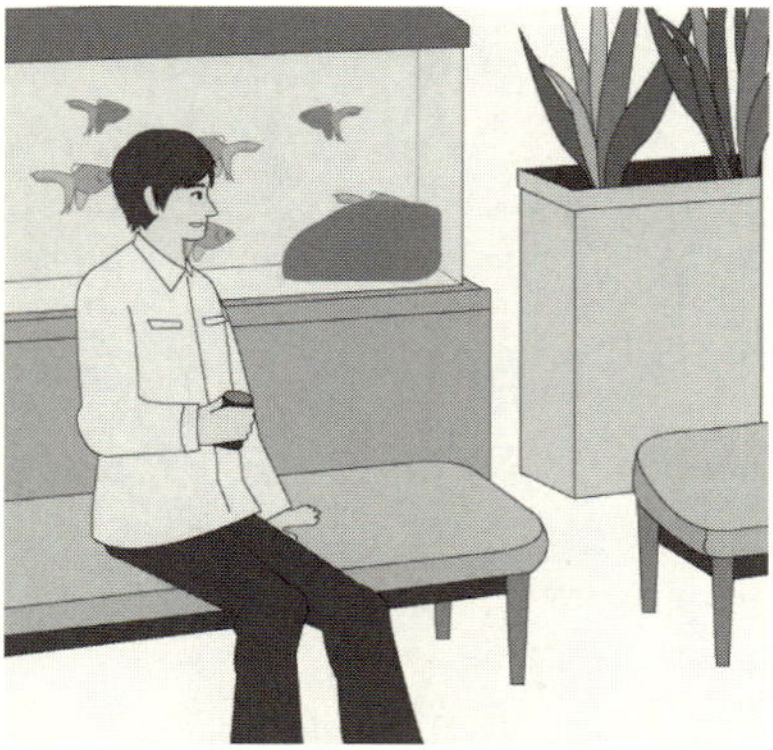
図7 自然物の置かれた休憩場所
イラスト：Nami Mizoguchi

右の内容は、すべて人間の心理面に着目したソリューションとなっている。もし人間を「アインシュタインの論理的思考能力と、ガンジーの忍耐力と、電子計算機の計算能力を持ち、すべて合理的に判断して行動するホモエコノミクス」ととらえれば、このようなソリューションを実施することはナンセンスであろう。

しかし、ほとんどすべての人間はホモエコノミクスではない。合理性とは別のセオリーに基づいて行動しているので、右のようなソリューションは有効である。

ホーソン効果という言葉を聞いたことがある

人も多いかもしれない。これは、働く人たちの作業成果は、労働時間と賃金ではなく、周りの関心と上司の注目に最も大きな影響を受けるという理論である。

ハーバード大学の心理学者がホーソン工場で、「物理環境と作業効率の関係」について調査を行った。その中で、工場の明るさを段階的に暗くしていき、そのときに作業効率がどの程度低下するかを計測した。通常、手元が暗くなってくれば、作業がしにくくなり、作業効率は下がるものと考えられる。しかし、このときの結果は驚くべきことに、暗くすればするほど生産効率は上がったのである。

その理由は、「自分の働く工場は、このような学者たちを呼んでまで自分たちの労働環境をよくしようとしている」と感じた現場の人たちのモチベーションが上がったところにあった。モチベーションが上がれば、物理環境が少々悪化しても作業効率が上がる。このホーソン効果についてはデータの取り方など様々な議論があるが、いずれにしろ工場で働くのが生身の人間である以上、モチベーションは非常に重要なファクターであるのは間違いない。労働環境の改善そのものによる効果もさることながら、「労働環境に配慮するほど、会社は私たちのことを考えてくれている」というメッセージが伝わることが、モチベーションの面で非常に重要である。

生産性を高めるコミュニケーション

「潜在的な課題」のもう一つは、コミュニケーションである。

本節の冒頭のシーンで述べたように、普段、ほとんどラインの担当者同士の会話はない。また、休憩時間や昼食時をよく観察していると、グループを作っているメンバーがいつも同じである。また、朝礼では各作業員からの自発的な発言が見られなかった。さらにインタビューでわかったのは、契約社員の一部は工場の飲み会にいつも参加しないということだ。一番印象的だったのは、年度最初の経営方針の説明会である。説明者は会社の経営方針について、とてもわかりやすい表現を使って、非常に前向きな態度で伝えていた。しかし、従業員は必ずしもよく理解していないように見受けられた。

コミュニケーションは、簡単そうに見えてとても難しい。私の友人はレストランで「ミルクセーキ」を頼んで、しばらく待っていたら後ろから「ジューージュー」という音がするので振り向いたら「ビーフステーキ」が届いたことがあるという。情報を伝える側からすると、言いたいことは頭の中でクリアになっているので、説明すればすぐに相手はわかってくれると思いがちである。しかし、絵画を言葉だけで伝えて相手に全く同じ絵を描いてもらうことが難しいように、コミュニケーションのミスは、いつでも、誰にでも頻繁に起こる。

集団の人数が増えれば、その集団によるパフォーマンスは高くなっていく。しかし、人数が増えれば増えるほど、ロスも増える。「理論値としてのパフォーマンス」と「実測値としてのパフォーマンス」の差を「プロセスロス」と呼ぶが、なぜ人数が増えるとプロセスロスも増えるのであろうか。

それには二つの理由がある。一つ目は「協調の失敗ロス」である。人数が増えれば当然人間関係の組み合わせ数も増える。たとえば、メンバーが二人であれば人間関係の組み合わせパターンは一通りしかない。三人であれば三通り、四人であれば六通りである。しかし、これがこの工場のように五〇人いると、人間関係の組み合わせは一二二五通りも存在する。

そうなると、「この人のことはよく知っているけど、あの人はよく知らない」ということがいくらでも起こる。気心が知れていればコミュニケーションは円滑にいくかもしれないが、あまりよく知らない人とのコミュニケーションはなかなか難しい。そうなると協調の失敗が起こり、それがパフォーマンスのロスを生む。たとえばプロ野球のスター選手が集まって世界大会で戦うときなどにも必ず合宿をするが、これは守備の連携などで「協調の失敗ロス」が起きないように、コミュニケーションを取るという側面が強い。

もう一つの理由は「動機付けのロス」である。人数が増えると、「自分ひとりぐらいがサボっても問題はない」というケースが発生する。しかし繰り返しになるが、モチベーションは集団のパフォーマンスに大きく影響するのである。

では、どうすればよいのだろうか？　私たちが提案したのは、次の三つである。

①**同じ作業を全員で共同して行う**　たとえば掃除をみんなで一緒にするなど「協力をすること」は、お互いへの好意を生み出す強力な要因となる。

②**カジュアルなコミュニケーションを増やす**　それぞれの趣味などを載せた自己紹介シートを作成して掲示することにより、お互いの共通点を見出して会話を促進する。

③**経営の方向性について説明を繰り返し示す**　コミュニケーションで正しく情報を伝えるには、わかりやすい説明をするのはもちろんだが、同じ内容であっても、表現を変えたり、たとえ話を使うなどして、何度も繰り返して伝えることが有効である。

不良発生率が三〇%以上減少

様々なソリューション案を提示した結果、その工場ではさっそく大幅に取り入れてくれた。次にあげるのは、その後の取り組みの例である。

○休憩場所の充実（広くて座れるタバコ部屋を用意し、そこには鉢植えの植物を置いた）
○工場内の騒音の抑制のため、サイレンサー機能付機器を導入
○ネガティブな掲示物（「ワースト」マグネット等）の撤去
○ポジティブな表示方法への変更（例：「いつも左から使用していただきありがとうございます」）
○不良を出した日の「反省会」の廃止
○担当者の意向に沿って、危険予知活動リーダーを任命

その結果、以下の効果が得られた。

○「作業工程飛ばし」のミスが、改善前は数ヵ月に二回ぐらいの頻度で発生していたが、改善後は一四ヵ月連続〇回を継続中。
○改善提案件数が過去七年間の平均より五一％増えた。
○工場内不良発生率が三〇％以上減少した。

「IE手法」と「心理に着目した行動観察」の組み合わせ

一九世紀末から二〇世紀初頭にかけて、生産現場における科学的管理手法を提唱し、「科学的管理の父」として知られるフレデリック・テイラーは、一般的にはゴリゴリの合理主義者で、働く人の気持ちはあまり考えていない、と思われがちであるが、それは誤解である。テイラーは自著の『科学的管理法』において、働く人の気持ちについて幅広く議論している。

IE手法が重要であるのは間違いない。しかし、この「心理に着目した行動観察」と組み合わせれば、相乗効果が起こって様々な面でよりよくなるのではないだろうか。

最近では日本企業が中国で工場を運営しているケースが多いが、そこでも働く人のモチベーションに関する課題があると思われる。中国であれ日本であれ、現場で働く人々の文化や価値観をよく知ることは生産性や品質の向上には欠かせない。文化や価値観は「論理的に正しいか正しくないか」に関係なくモチベーションに大きく影響を与える。人間は「自分だけは論理的に物事を考えている」と思っているが、実は客観的に見ればそれほど論理的ではない。論理で説得されたい人など、実は世界中に誰もいないかもしれない。

9　元気の出る書店を作ろう

使える期間は五日間

ビジネス街。オフィスビルやレストランなどが立ち並ぶ街並みに、まぶしいほどの日光が差し込んでいる。ビジネススーツを着た男性や、フォーマルっぽい服装の女性、様々な人々が足早に歩いていて、四車線を走るクルマもすべて先を急いでいるかのようだ。タイヤがアスファルトをこする音やハイヒールの足音、歩いている人たちの話し声などが聞こえる中、書店に入った。

中は外よりも静かだ。まるで商店街からカフェに入り込んだかのようである。入ってすぐのビジネス雑誌コーナーではビジネスマンが雑誌を選んでいる。その後ろに女性が二人立って、熱心にメモを取っている。この二人は行動観察研究所の久保隅綾さんと小園さんだ。お客さんは二人が観察しているのをまるで意識することなく行動している。

行動観察研究所が設立されて、観察の担当者が増えた。そして、行動観察を応用するフィールドも広がってきた。今回のフィールドは書店である。書店から直接依頼があったのではなく、『週刊ダイヤモンド』編集部からの依頼に基づき、雑誌に掲載する記事のためのプロジェクトとして実施することになった。編集部がアレンジしたのは、大阪の本町駅の近くにある紀伊國屋書店本町店である。このプロジェクトには、販売イベントと同様に二つの課題があった。

「いかに実態をつかんでよいソリューションを提案するか」
「成果を出すため、そのソリューションをいかに書店の人に受け入れてもらうか」

である。

雑誌に掲載される案件なので、ぜひわかりやすい成果を目に見える形で出したい。書店を対象として行動観察調査をするのは初めてだし、私たちは書店経営のプロではない。しかし、これまでの経験から、(どういうアウトプットになるかはわからないが) 成果の出るアウトプットを出せるという確信はあった。そして、成果を出すためのキーは、書店で働くスタッフが持っている。ぜひ書店スタッフと一緒に成果を出せれば、と最初に考えた。

さらに、このプロジェクトの一番の問題は期間の短さであった。プロジェクトとして費やせる調査の時間は五日間しかなかった。紀伊國屋書店本町店は「雑誌から専門書まで揃うビジネス街にある大きな書店」である。広さは六三〇坪、店頭在庫約三〇万冊を誇る。多様な要素がある書店で、短期間に成果が出せるのであろうか？

調査を始める前に、メンバーと一緒に店を訪れて佐藤整店長に挨拶をした。そして佐藤店長の柔軟で新しいものを受け入れる姿勢を知り、とても勇気付けられた。トップの考え方はそこで働く人たち全員に影響するので、店長が佐藤さんのような人だとソリューションが実践に結び付きやすい。佐藤店長はスタッフにとても細やかに配慮される人だった。だからといって、佐藤店長に納得してもらえばそれですべてうまくいくというわけではない。佐藤店長に納得してもらった上で、さらに他のスタッフにも理解をしてもらう必要がある。

そこでさっそく、久保隅さんと小園さんの二人が書店に入り、観察調査を始めた。私も一部参加して、書店の売り上げを上げるためのソリューションについての検討を行った。

現場の人を巻き込む行動観察

調査を始めてすぐにわかったのは、スタッフの熱い思いである。常に顧客視点で考え、そして一人ひとりがお客さんに思いを伝えたいという気持ちを持っていた。そのため、書店での展示ではすでに様々な工夫がされていた。手書きのＰＯＰが様々なところに配置され、書店員の本への思いがそれぞれ綴られている。また、新しく出た書籍は、単に平積みされるだけでなく、アーティスティックにディスプレイされていた。

佐藤店長の方針で、書店員の裁量に任されている部分が大きい。たとえば、担当者お薦めコーナーがあり、書店員の好きな本を調達してお客さんに気持ちを伝えることができるようになっていた。私たちは常々、現場の人たちの価値観を知るのが非常に重要だと考えている。そして、現場の人たちの価値観を知ろうと思えば、私たち調査員が現場スタッフの信頼を勝ち取らなければならない。

あるとき、行動観察研究所の取り組みについて講演をした後の立食パーティーで、講演を聞いた方から直接感想を聞く機会があった。

「行動観察研究所の何が素晴らしいって、そのスタンスですね。普通、現場改善を依頼すると、上から来るでしょう。これでやれ、って。それが行動観察研究所の場合は我々に寄り添ってくれる。これはありがたいですよ」

なるほど、私たち自身では気付かなかったが、そう受け取られるのか、と勉強になった。行動観察研究所の考え方は、あくまでゴールオリエンテッドである。つまり、いかにゴールに達するか、という観点で考えると、「現場に寄り添う」形のほうが成果を出してゴールにたどり着きやすい。もし「上からこうしろ」という形で進めたほうがゴールに到達できるのであれば、そうするかもしれない。しかし、人間が一番能力を発揮するのは、「他人からこうしろ」と言われたときではなく、「自分でこうしよう」と決めたときである。もちろん、「こうしろ」と言う側の人間がどういう人なのかも関係するだろう。たとえば、それがそれぞれの人にとっての師匠にあたるような人から言われたのであれば、素直に受け入れてさっそく実行するかもしれない。しかし、私たちのような外部の人間が何の信頼関係もなく指示を出しても、受け入れられないのが普通だろう。

行動観察研究所では、「共感を大事にしてゴールにたどり着く」を重要視している。書店員によるディスプレイデザインは素晴らしかったが、もちろん課題もあった。しかし、「これはダメですよね」とは私たちは決して言わない。「これはどうしてこういう形なんですか?」と質問し、書店員の意図や思い、工夫している点をまず訊く。そしてその上で、書店員になるべく負担をかけない範囲での提案を考える。

なにせ一週間に一五〇〇点以上の新刊が届き、その整理と棚だしだけでも相当な時間がかかる多忙な職場である。たとえよいソリューションを提供できたとしても、そのソリューションを実行するときの現場の負担が大きすぎれば、実行されるはずがない。それでは意味がない。

書店内でお客さんはどう動く？

書店を終日にわたってよく観察したところ、滞在時間の長さによってお客さんの特質が違っていることがわかった。これらを私たちは「目的買い」「息抜き買い」「ヒマつぶし」の三種類に分類することにした。

「目的買い」の人は、何を買うか決めて来店しているので、滞在時間はすごく短く、どの時間帯にも見られる。また、「息抜き買い」の人は、夕方から夜に多く見られ、滞在時間は一時間以上と長く、じっくり商品を選んでいて、購入する率も高い。最後の「ヒマつぶし」の人は、滞在時間は両者の中間で三〇分ぐらい、朝や昼食休憩、昼から夕方に多く、書籍の購買率は低い。つまり、本町店の売り上げをさらに向上させるためには、比較的短い滞在時間の「ヒマつぶし」のお客さんに、適切な情報提示を行うことが重要であることがわかった。

さらに調査を続け、お客さんの行動や書店スタッフの価値観を検討した結果、久保隅さんと小園さんが考え出したソリューションは三点あった。

まず、「ビジネス雑誌の見せ方」である。本町店では、『週刊ダイヤモンド』などのビジネス雑誌のバックナンバーが非常に充実している。そして、書店に入ってすぐ左側にあるビジネス雑誌のコーナーで、バックナンバーは最新号と同じように平積みされていた。最新号もバックナンバーも一面ずつ置かれていて、きれいに見えるようにすべて同じ高さになっていた。ただ、現場での観察結果によると、お客さんはどれが最新号なのか見分けるのに時間を要していた。

そこで、まず最新号を置く場所を増やした。平面を二面最新号にして「本日発売」の札をそれぞれの面に置いた。そして雑誌を立てて置く奥の棚にも縦一列の四冊をすべて最新号とし、一番左側に配置した。これは、左上から右下に見るのが目線の自然な流れであるためである。また、平面の二面の高さは、一面は高く、一面は低く配置した。そうすることで雑誌を手に取りやすくするとともに、もともと売れている最新号の「売れている」感を出した。

次が、雑誌から書籍への流れ、とくに「ビジネス関連書籍の情報ボード」である。書店での人の流れを観察していると、書店の中が外部とビル内部の通り抜けに使われることがあると判明した。そこで、通過するだけのお客さんに本に出会っていただくきっかけを作りたいと考えた。そして、書店員の裁量で売りたい商品をもっと売るため、ビジネス雑誌コーナーとビジネス書籍の結び付きを深めればどうか、という考えに至った。商談や会議などビジネス関係で本町にいるお客さんが多いので、効率的に書籍に出会ってもらうためには、情報を整理する必要がある。

「決定回避の法則」というものがある。ある企業のテレビCMで紹介されていたのでご存知の人も多いかと思うが、「選択肢が増えすぎると人間は選択することそのものを回避する」という法則である。

アメリカに、イサカ・ベーカリー（Ithaca Bakery）というサンドイッチを中心としたお店がある。大変美味しいので、お昼などは非常に混雑するのだが、このお店にはなんとサンドイッチだけで一〇七種類もある。これだけ数があると、選ぶだけでも大変である。おなかが空いていなければ、選択するのをあきらめてしまうぐらい数が多い。ただ、このお店は人の特性をよく理解していて、すべてのサンドイッチを五種類（スペシャル、パニーニ、ホーギー、ニューヨークデリ、ベーグル）に分けている。そして、それぞれのグループの中が、「ターキー、チキン、ハム、ベジタリアン……」などにグルーピングされている。つまり顧客はグループを選択していくうちに自分のほしい商品を選べるようになっている。一〇七種類ものサンドイッチを、もしバラバラに並べてしまったら、顧客は選ぶのにすごく時間がかかるだろう。それに、せっかく一つを選んだとしても、「もっと美味しいサンドイッチがあるのに、自分は食べ損ねているのでは？」という感覚を持ってしまう。つまり、下手をすると「損している感覚」をお客さんにもたれてしまうのだ。

「損をさせられた！」とお客さんに感じさせてしまうのは、ビジネス上最も避けなければならないことだ。営業のところ（4節）で登場した営業マンCさんの「一生忘れられない失敗」も、お客さんが「損させられた」と思ってしまったからこそ起こった。なぜなら人は、先述した「プロスペクト理論（得よりも損を大きく評価する傾向）」で思考するからである。

書店では、選択肢が膨大にある。一つのコーナーに限っても、選択肢はかなり多い。そこで、情報を整理し、効率的にお客さんに書籍の情報をお伝えすることが非常に重要なのである。

そこで、ビジネス雑誌コーナーとビジネス書籍をつなげるために、それまで、ビジネス雑誌コーナーの右側で売られていた小物や傘を別の場所に移動して、そこにビジネス関連書籍の情報ボードを設置することにした。そのボードには、ビジネス雑誌の最新号の内容が一目でわかるポスターを貼り、書店員のセンスが光るＰＯＰをつけた。そして他のコーナーで使用していたビジネス書籍ランキング表や、担当者お薦めの雑誌や書籍もそのボードに貼った。さらに、小さな横長のテーブルを用意し、売り上げランキングの上位一〇冊の実物を横に並べて置いた。また、そのボードはイベントで得た知見をもとに、Ｖ字形に配置した。

三つ目が「入りたくなる店舗の見せ方」である。書店はビジネス街にあり、歩いている人の数は多い。本町店は大きな看板が出ているものの、外からは建物のガラス窓を通して店内が見えにくいのが実情であった。お店の中にいるお客さんにいろんなものを見てもらえるように商品が配置されていたため、外の通行人からはそのディスプレイの裏側が見えていた。

そこで、コンビニの立ち読み客と同じ方法を取ればどうだろう、ということで、窓際に低い棚やワゴンを置いて、商品の豊富さ、お客さんの多さを通行人に見てもらうことにした。

以上のソリューションを実施した結果、担当者お薦めのビジネス書籍の実売数は三倍に、そしてお薦めビジネス雑誌は四・五倍になった。ビジネス雑誌コーナーでも成果が見られた。素通りしていたお客さんが、視線を向けるようになり（三二％→四〇％）、立ち止まるようになり（一二％→一九％）、本を手にするようになった。また、平均滞在時間は一人当たり三・三分から四・六分に延びた。佐藤店長や店舗スタッフの勝利である。佐藤店長は『週刊ダイヤモンド』の取材に対して、こう答えている。

「上から目線ではなく洗練されたお客様目線を通し、売り場改善を後押ししてもらえた」
（『週刊ダイヤモンド』二〇一一年一月八日号、「知られざる『行動観察』の威力」より）

雑誌のためのプロジェクトはこれで終わったが、この書店とのお付き合いはまだ続いた。次は書店のリニューアルのため、しかもテレビの取材を兼ねてのプロジェクトである。

書店のリニューアル

私はバーのカウンターにいた。木製のシックなカウンターにひじを乗せ、前に色とりどりのお酒が並んでいるのを目で楽しみながら、店主と話をしていた。そのお店には樽をかたどったカウンターもあった。高さが絶妙で心地がよい。別にお酒を飲んでいたわけではない。書店のリニューアルのプロジェクトで、行動観察研究所のメンバーとともにソリューションのアイディアを検討するために訪れたのである。その後、私たちはガード下の立ち飲み屋に行き、そこでお客さんがどういう形でお酒を楽しんでいるのかを観察した。ひじをつく、荷物をかける、立ちながら足を組む、など興味深い行動を観察しているうちに、「これはいけそうだ」と私は確信を深めた。

『週刊ダイヤモンド』の取材のための書店のプロジェクトは順調に完了した。その後、『ガイアの夜明け』というドキュメンタリー番組の撮影の依頼があり、今回も紀伊國屋本町店に協力をお願いした。今回のプロジェクトは、書店のリニューアルである。そのゴールは、リニューアルによる「本との出会いの創出」と、新書の売り上げ向上である。「本との出会いの創出」は、最初のプロジェクトでも課題であったが、リニューアルするために今回のほうができることの選択肢の範囲が広い。また、新書は新しい課題である。

久保隅さん、小園さん、私の三人は、さっそく調査を開始した。ただし、今回はテレビの取材を兼ねているので、観察調査にはテレビカメラが入った。私たち三人にそれぞれ一人ずつカメラマンがつき、書店員やお客さんの行動観察をしている私たちを撮影している。全く知らない人からすれば、それは少々異様な様子であっただろう。お客さんを観察する調査員、そしてそれを撮影するカメラマンのコンビが三組も書店にいたのだから。

あらためて書店を観察して気付いたのは、それぞれのお客さんにそれぞれのストーリーがあることとであった。

たとえば、ある中年サラリーマンは、書店に入った後、アニメの雑誌をじっくり見た後、ゴルフ雑誌のコーナーに行き、その次は文庫本を見ていた。自分の見たい本の種類（娯楽系の雑誌や新刊）がはっきりと決まっていて、それぞれのコーナーに最短距離で移動していた。また、あるＯＬと思《おぼ》しき女性は、英会話に関する書籍のコーナーに長時間滞在して、ありとあらゆる関連書籍を順に確認していた。こういったお客さんは、前回のプロジエクトでいうところの「息抜き買い」のお客さんであるといえる。そして、書店に何が目的で来たのか、が明確である。そこで、お客さんが自分のストーリーを実行するだけでなく、書店からストーリーをお客さんに提供できないか、と考えた。

元気の出る書店へ

先述したように、人はみな「ある程度自信過剰」である。そのため、本人は日々の生活において、「私は結構すごいのに、どうして周りの人たちはなかなか私を認めてくれないんだろう」と考えがちである。一方、他人から見るとその人は「そんなにすごくもないのに、どうしてこの人は自信があるんだろう？」と見えることになる。

組織心理学の研究で、興味深い結果がある。それは、人の仕事の能力を評価するために信頼できる方法は何か、という研究である。この研究では、三つの評価方法を用い、それぞれの方法で得られた結果の相関性を見て、どの評価方法の結果の関係性が深いかを検討した。

三つの評価方法の一つ目は「主観的評価」で、本人が自分自身の働きぶりを評価する方法である。二つ目は「他者評価」で、他者がその人の働きぶりを評価した結果である。最後は「客観的評価」で、たとえば営業担当者であれば、売り上げの数字のように何らかの客観的指標で計測された結果である。この三つの指標のそれぞれの関係の相関が高ければ、どれか一つの指標を計測することで他の指標が精度よく予測できるはずである。

しかし、その調査結果は残念なものだった。三つの指標のどの組み合わせも相関が低かったのである。つまり、「主観的評価」と「他者評価」と「客観的評価」のそれぞれの間には相関関係があまりないということである。ということは、以下のようなことがいくらでも起こるということを意味する。

「私は去年に比べればかなり努力した。倍ぐらい働いた実感がある。それは数字にもはっきり表れていて、去年の三倍の成果が出ている。なのに、上司や周りは全く評価してくれない」

つまり、いくら実感(主観的評価)があろうと、実績(客観的評価)があろうと、周りの評価(他者評価)が得られないということはいくらでも起こるのである。

ビジネス街にあるこの書店では、このように「自分はすごいのに評価されない」という思いを持っている人がたくさんいるはずである。そもそも「ある程度自信過剰」だからこそ、人間は「私はまだまだこんなものではない、もっとすごい自分になるぞ」と努力する。しかし、「自分はすごいのに評価されない」という思いから元気をなくしてしまい、そもそもの努力を続けることもやめてしまったら、非常にもったいない。本町店がお客さんに元気を提供できる書店になれないだろうか、との思いを私は持っていた。テレビ撮影で、佐藤店長がインタビューを受けた際、「元気の出る書店にしたい」と発言したのを聞いて、私は全く同じ思いを共有できていたことに感激した。そしてさらに、そのためのよいソリューションを考えなければとの思いを強く持った。

アイディア出し

今回の書店での行動観察で目に付いたのは、お客さんの立ち読みの姿勢である。人によって、いろんな立ち読みの姿勢があった。

たとえば、重いかばんを持ったまま立ち読みをする人、もっとじっくり読むためにかばんを下に置いて読む人、本棚に膝をもたせかけて読む人、そして座り込んで読む人もいた。中には、児童書のコーナーに設けられた椅子のところに文庫本コーナーから本をわざわざ持ってきて長時間座り続けて読む人もいた。これはもはや「立ち読み」とは呼べないかもしれない。人間工学の原則である「人間はみななるべく労力を使わないようにしている」のと同じで、みんな自分にとってなるべく楽な姿勢で立ち読みをしていた。ということは、なるべく楽な形で本を読んでもらえれば、お客さんに様々な本に出会ってもらえるかもしれない。

しかし、ここで問題がある。あまりに「楽に読める」ようにしてしまうと、児童書のコーナーに長時間いた人のように、別の問題が生じてしまう。

久保隅さん、小園さん、谷川さん、そして私の四人は、集めてきた観察結果をもとに、会議室にこもってディスカッションを始めた。得られた事実をもとに、ソリューションの案を考えるためである。その結果、私たちが考えた「本との出会いの創出」のための案は次の通りである。

○本と出会える場所としてのメインストリートを書店の中に作る
○そのメインストリートに、「いろんな本を試し読みできるコーナー」を作る

この「試し読みできるコーナー」をどう作るか、が大きな課題であった。そこで私たちは「立ち飲み屋」のように、立ったままもたれて書籍を少し読める場所にすればどうか、と考えた。そして、本の読めるカウンターはどうか、というアイディアを得るに至った。「立ち飲み屋のような」ところをどう作るかを考えるためには、立ち飲み屋を観察しに行けばよい、との非常に単純な理由で、立ち飲み屋さんが集まっているところに行って、お客さんがどう過ごしているかを観察した。たとえば、お客さんはカウンターにどうもたれ

るか、足はどうなっているか、を確認した。

それだけでなく、私たちはバーにも行き、カウンターを見て、店主にもインタビューをした。カウンターの上に並ぶ様々な色、形のお酒を見て、「いろんなお酒を見てどれにしよう、とわくわくする気持ち、そして店主と話をしてお酒を選んでもらうコミュニケーション、これらを書店で本を選ぶときに同じように感じてもらえれば」と思い、私は「これはいける」と確信した。

私たちは、このコーナーのコンセプトを「ブック・バー」に決めた。仕事の疲れを癒すバーでの楽しみのように、本に出会うことで元気になってもらう、というコンセプトである。バーのカウンターを参考にして高さを約一一〇センチとした。また、そのカウンターを書店員からのお薦めの本を紹介する提案のコーナーとし、手書きＰＯＰを置いてもらうことにした。また、そこに置く書籍は、非常に高価な書籍から中ぐらいの値段の書籍、そして新書などの手軽な書籍の三種類を置くことも提案することにした。

もう一つの課題である、「新書の売り上げ向上」のための検討も同時に進めた。まず、新書コーナーは文庫など他のコーナーから浮いた形で存在し、メインの入口からは柱が邪魔になって目に入りにくいところにあった。新書コーナーは、新刊、既刊、ジャンル提案で分類して並べられていた。ジャンル提案コーナーでは特に書店員の工夫が見られ、政治、人文など各ジャンルの分類からさらに、「日本の課題→海外から見た日本」などグラデーションをつけた陳列が行われていた。

考え抜かれた上で、たいへん洗練されたディスプレイになっていたが、非常に残念なのは、お客さんにはその工夫が理解されていなかったことである。分類されていることに気づかないお客さんから見ると、これらの凝ったディスプレイ方法は「どうして出版社ごとの棚に他の出版社のものがあるの？」と映ったようである。また、ジャンル提案の分類はサイン表示があったが、それは書棚の足元に表示されていたため、お客さんに気付かれていなかった。そこで、私たちは以下の提案をすることにした。

○書店の入口から、新刊の新書や話題の新書をディスプレイして、それが新書のコーナーまで続くようにして誘導する。また、文庫コーナーとのつながりを作り、文庫コーナーからも人が流れるようにする。
○棚割りをお客さん視点でわかりやすいように、新刊、話題の本（書店員のお薦め）、既刊を、段ではなく、棚で分けて配置し、特に新刊は中央の幹線通路に面して配置する。
○平積みのフェイス置きは、高さを上げて見やすいように斜めに置く。

このように様々な改善案はできたものの、それをどう受け入れてもらうか、が最も重要である。私たち三人は、調査結果をまとめ、できた案を説明すべく、紀伊國屋書店本町店の事務所に向かった。

佐藤店長とスタッフを前にして、観察結果を報告するとともに、ソリューション案をお話しした。「ブック・バー」については、佐藤店長にはかなり好意的に受け取ってもらえたが、スタッフからはメンテナンス上の不安についての言葉があった。そこで、私たちは本プロジェクトのそもそものゴールに立ち戻って解説し、さらには実現したときのイメージ図をその場で描きながら説明したところ、スタッフにも理解してもらうことができた。そして、ブック・バーのアイディアは無事採用していただけることに決まった。

本町店のリニューアルのときに、大通りに面した店内に「ちょい読みコーナー」としてブック・バーが設置された。その結果、大通りから書店に興味を示して見てくれる人が三二％増えた。全く新しい試みなので、お客さんに定着するのには時間がかかったが、粘り強い本町店スタッフのメンテナンスの成果が出て、いまでは人気コーナーとなっている。バーのカウンターのように、もたれながら新しい本を手に取るお客さんを見ると、感慨深いものを感じる。

イベントと書店、場作りに共通して重要なこと

販売イベントの行動観察、そして書店の行動観察を通じて、販売をする場のデザインに取り組んできた。その結果、場作りのための重要な点は、どのフィールドにも共通すると思われる。表現してしまうと非常に当たり前のことではあるが、それは売る側（運営側）の都合より買う側（お客さん）の都合を優先することである。お客さんの気持ちがどうか、をよく汲み取った上で場作りをする必要がある。また、人間の情報処理の限界を考えて情報を提示する必要がある。

私は、一人の客としてある企業のイベントに参加したことがある。そのときに、とんでもないことに気付いてしまった。それは「このイベントはサクラを用意している」ということだった。たとえば、イベントで行われるクイズ大会では真っ先に手をあげて会場を盛り上げる若い男性がいたり、実演では周りのお客さんに一生懸命話しかける年配の女性がいたり、その他にも高齢の男性など、少なくとも三人のサクラを発見した。どうしてサクラだと断言できるかというと、イベントの終わりにスタッフと「今回は盛り上がったね」などと談笑していたのを目撃したからである。

そこでサクラにはそんなに効果があるのか、と不思議に思い、あるイベント会場で個人

的に試してみたことがある。全く人気のないコーナーに行って、私と同行者の二人でそのコーナーを熱心に見る「ふり」をしてみた。すると、みるみるうちに人が集まってきて、人だかりができてきた。私たちが頃合いを見てそのコーナーを去ると、人がどんどん減っていき、最後には誰もいなくなって元の状態に戻った。

たしかにサクラは効果がある。しかし、だからといってそれを使うのはどうかと思う。大事なのは「お客さんを中心に考えること」であり、「お客さんをコントロールすること」ではない。「お客さんをコントロールしよう」という発想でいる限り、おのずとそこには限界がある。「私たちの力でお客さんを幸せにしよう、そしてその上で私たちも幸せになろう」というのと、「私たちの幸せのために、お客さんをなんとかコントロールしよう」とでは発想が全く違う。そしてそれは優秀な営業マンと普通の営業マンの違いと同様、結局サービスの提供において大きな差を生むのである。

第３章　行動観察とは科学である

科学と同じ手続きを踏む

第2章での事例を通して、行動観察がどのような手法であるのか、ご理解いただけたであろうか?

本書の事例も含めたほぼすべてのプロジェクトにおいて、行動観察は以下の手順に基づいて実施されている。

まずフィールドをよく観察して、事実をありのままにとらえる

↓

様々な事実について、可能な解釈を考える

↓

心理学や人間工学など、アカデミックな知見を踏まえて構造的な解釈を試みる

↓

その事実をよりよく説明できる仮説を考える

↓

得られた仮説に基づいてソリューション案を出す

←そのソリューション案を簡易に実施して、効果を見て有効性を確認する

これらのステップは、以下に示す、基本的な科学の手順と同じである。

事実や現象を把握する
←過去の文献を参照する
←事実の解釈について仮説を立てる
←仮説が正しいかどうかを実験で検証する

つまり、行動観察は科学と同じ手続きを踏んだ手法であるといえる。

大切なのは、仮説を生み出すこと

ただし、本書の事例について「科学」という言葉を使うのに違和感を持つ人もおられるだろう。なぜ違和感があるのか？　その理由は「観察においてデータのサンプル数が少ない」ことではないかと推測する。確かに、ワーキングマザー観察においても、営業観察においても、その他の観察においても、観察対象とした人数はそれほど多くない。その理由は、行動観察のゴール設定、すなわち「何のために調査をするか」という点にある。

たとえば、「ワーキングマザーが調理をするときに、使用するコンロのバーナーは一つだけか、二つか、それとも三つとも同時か？　そしてその時間の割合は？」について一〇〇人の主婦の行動観察を実施して、ストップウォッチを片手にビデオを分析し、充分なデータを取るという調査も可能である。しかし、本書で述べた行動観察は、そういったデータによる検証にあまり重きを置いていない。その理由は、スーパー銭湯の節（3節）でも記述したように、行動観察を「データ分析」のために実施するというよりも、「仮説を生み出す」ために実施しているからである。

ワーキングマザーが調理をするときにはどんな行動を取り、そこにはどういう「背景」があり、どういう「思い」があるのか、を知るのが「仮説を生み出すための行動観察」である。たとえば、三つのバーナーを同時に使うワーキングマザーがいたとする。その行動

の理由は、

「子供に対して申し訳ないと思う気持ちがあるから、『お母さん、ご飯まだー』と言われる前に一秒でも早く晩ご飯を作って出してあげたいからなのか？」

「立ち仕事で腰が痛い上に、料理を一生懸命作っても誰も褒めてくれないから味よりも効率が重視されているからなのか？」

「様々な自己流の工夫をすることで、美味しい料理を手際よく作ることに達成感を感じているからなのか？」

「コミュニケーション不足を感じていて、子供の宿題をじっくり見る時間を作りたいからなのか？」


そこには人間としての無数のストーリーがあり、生々しい日常の実態があり、モノやサービスが提供している「経験」がある。これらが様々な仮説を生み出し、新しい経験をデザインするための情報の宝庫となる。

目的が付加価値の提案であれ生産性の向上であれ、フィールドが家庭であれ職場であれ、イノベーションを起こすためには、そのフィールドでの実態はどうであり、本当の課題は何であり、本質は何であるのか、をとらえて、「よい仮説」を得ることができるかどうかが最も重要である。

「よい仮説」を得るためには、たとえ行動観察の対象者が一〇人しかいなくても、それぞれの人々の行動や思いを深く知るほうが、いたずらに対象者を増やして表面的な調査をするよりもよいことはおわかりいただけるだろう。

検証のためのデータ取りは「よい仮説」を得た後に実施すべきであるし、そのデータ取りの方法はアンケートがよいかもしれない。たとえばアンケートの選択肢に「料理を一生懸命作っても誰も褒めてくれないから味よりも効率を重視して調理をしている」を入れておいて、そう考えるワーキングマザーは〇〇％、という形で検証することも可能である。

スーパー銭湯で帰りのオペレーションを短時間だけ変更した例を思い出してほしい。「よい仮説」を出し、その仮説に基づいたソリューション案を考えた後、そのソリューションを簡易に導入して、その効果を確認する、という進め方が、ビジネスの世界では合っているのではないだろうか。

アカデミックの分野で査読論文を書くには、検証のためのデータを充分取る必要がある。しかし、ビジネスではそこまで必ずしも必要ではない。たとえば、前出の「ワーキングマザーが調理をするときに、使用するコンロのバーナーは一つだけか、二つか、それとも三つとも同時か？　そしてその時間の割合は？」について一〇〇人の主婦の行動観察を実施すれば、調査だけで一〇〇日、分析にさらに一〇〇日以上かかるだろう。このように検証のために時間がかかりすぎると、その間にアイディアは古びてしまうかもしれない。

優秀な営業マンが、様々な情報を参考にしながら「こうすればもっと理解していただけるのではないか」という仮説を立てて行動し、その結果を常に検証して自分の営業方法を磨いているように、「よい仮説を立てて、それを検証する」というループをいかに短期間でできるか、が成功の秘訣であると思われる。

自分の価値観から自由になる

「どうすれば行動観察ができるようになれますか？」とよく訊かれる。私はいつも「それには大きく二つ重要なことがあります」と答えるようにしている。

一つ目は「自分の価値観から自由になる」ということだ。人はそれぞれ自分自身の価値観がある。私たちは普段の生活において、なるべくエネルギーを使わなくてすむように、様々なことについていちいち考えずに意思決定して行動をしている。

しかし、行動観察で様々な気付きを得るためには、自分の価値観をいったん横において、フィールドを観察することが求められる。普段と同じように観察をすると、「これはこういうことだろう」「こうあってほしい」という自分のフィルターを通して事実を安易に解釈してしまう。しかし、それは実態をとらえようとするときにはバイアスになってでしまう。

こういうクイズをご存知だろうか？　映画『ティン・カップ』の中でケビン・コスナーが演じる主人公が出したクイズである。

ある男が自分の息子を乗せてドライブをしていて、事故を起こした。二台の救急車が来て、その男と息子は別々の病院に運び込まれた。〝別々の〟病院にね。息子は手術室に運ばれた。医者は彼を見て言った。

「この少年の手術はできない。彼は私の息子だ」

どうしてこんなことが起こる？

ここで本を閉じて、ぜひこのクイズをしばらく真剣に考えてみていただきたい。

このクイズを出すと、通常は以下のように答える人が多い。

「医者が本当のお父さんで、別の病院に運ばれたのは本当のお父さんではない」

「そんなことはありえない」

中には、「『息子』という名前の人だった」というアクロバット級の解答もあった。

このクイズの正解を出せなかったとしても、別に何の問題もない。「これはこういうこと」という自分のフィルターを通して解釈してしまうバイアスの罠にはまってしまっているだけであり、人間としてとても自然なことである。

答えは「医者はお母さんだった」である。私たちには「医者といえば男性」というステレオタイプがある。いまや、女性の医者もかなり増えたが、それでも「医者」と言われると性別について何も述べていないのに、自動的に「男性」を思い浮かべた人は多いのではないだろうか。

行動観察においては、こういった「これはこういうこと」という自分のフィルターから自由になり、何についてもいちいち頭を使って考えることが必要となる。これは人間の自然な状態とは異なる態度なので、大変負荷が大きい。「自分の価値観から自由になって考える」というのは、言うのは簡単だが実行は非常に困難である。しかし、それができてこそ新たな気付きが得られる。「よい仮説」を得るためには、先入観は邪魔であり、この罠には高名な科学者であってもはまってしまうことが多い。

人間についての知見を持つ

二つ目のポイントは、「人間についての知見を持つ」ということである。

すでに第1章で述べたように、行動観察においては、人間に関する知見が重要な意味を持つ。人間工学や心理学など、人間についてよく理解していると、人間の行動を構造的に解釈するときに大変役立つ。普段から人間について興味を持っていれば、これらの学問を楽しみながら勉強できると思われる。

「自分の価値観から自由になる」「人間についての知見を持つ」ためには、どちらも大変な努力が必要である。しかし、「どうにかして人を幸せにしたい」と思っていればその努力も続けられる。まさに五〇〇〇人のお客さんを記憶しているホテルマンの努力の源泉が「お客さまに喜んでいただきたい」という一心にあったことと同様で、行動観察においても「人に喜んでもらうこと」がすべての基本であり、土台である。その土台があるからこそ、他人に共感できるし、大変困難な課題にも果敢に挑戦することができる。

行動観察を短期間で身につけるためにはどうすればよいか?

前述した二つのポイントを学ぶのには大変な労力と時間がかかる。

それでも短期間に行動観察を身につける方法としては、「外国に一人で行って、自力だけで過ごす」と効果があるかもしれない。私も二年間ではあるがアメリカで過ごした。特に渡米した当初は様々なことに気付かずにはいられなかった。最初は一人だけでの渡米だったので頼りになるのは自分だけで、自然と他人の行動に敏感になり、どんな行動を取っているか、どんな表情か、なぜそういう行動をするのか、を日本にいるときよりもずっと深く観察し考えるようになった。そんな中で、それまで自分が過ごしてきた環境である日本の「当たり前」がアメリカでは「当たり前」ではないことに気付く。

たとえば、アメリカのスーパーマーケットの駐車場では頭を突っ込む形で駐車しているクルマがほとんどである。日本であれば、バックで駐車する人が多いだろう。その理由については、様々に考えることが可能である。たとえば、アメリカ人は一度の買い物の量が非常に多い。スーパーマーケットのカートも日本では見たことがないぐらい大きい。ガロン（約三・八リットル）売りの飲み物など、巨大なカートいっぱいに買い物をしてから駐車場に戻ってきて、クルマのトランクを開けて買ったものを詰め込んでいく。そのため、前から駐車したほうが便利である。これ以外にも、駐車場が広いために前から駐車しても、帰るときに出しやすいということも理由としてあるかもしれない。

大学での生活でも、様々な気付きがあった。たとえば、世界的に著名な教授の講義で、最前列の真ん中に座った学生がサンドイッチをほおばりながらノートを取っていたのには驚いた。しかし教授はそれで怪訝《けげん》な顔をするわけではない。

また、プレゼンの講義で、各自が準備したプレゼンを順に披露したとき、あるアジア系の学生が冒頭に、

「まだ準備が充分じゃないけれどがんばってプレゼンします」

と説明したとたん、先生は、

「なぜ最初にそんなことを言うのか？　今後はそういう言い訳めいたことを絶対に言わないで」

と一喝した。それを見ていた私は、「なるほど、アメリカでは謙虚さは美徳ではなく、自信のなさだと受け取られるのだな」と思った。

これらは文化や考え方の違いの一例であるが、日本とアメリカのどちらが絶対的に正しいとか間違っているという話ではない。それは置かれている環境の違いでしかない。ただ、アメリカは多民族国家なので、もともと多様性を持っている。私の学んだ学科だけでも、アメリカ人は当たり前としてインド人、カナダ人、韓国人、スイス人、台湾人、ブラジル人など、多種多様なバックグラウンドを持っている人たちが集まっていた。

もちろん、同じ人間なので共通している部分のほうが多いのであるが、その多様性をよく知れば知るほど新しい気付きがあった。新しい気付きは、新しい発想につながる。

本来のエスノグラフィーではそのフィールドの中に入って一、二年滞在してその文化や価値観を調べる。私の二年間のアメリカ滞在は、「アメリカの大学のエスノグラフィー調査」だったと見ることもできる。新しい発想を求めるには自分と異なる文化に入っていくことが有効である。行動観察ではこの考え方に基づき、積極的に未知のフィールドに入っていくことを大事にしている。

行動観察による学び

行動観察をしていると、様々な人たちに出会う。疲れていても子供にやさしい言葉をかける主婦、イベントで声を出し続ける人たち、スーパー銭湯で露天風呂を楽しむ人々、顧客からいろんなものをもらう優秀な営業マン、オフィスで仲間と談笑しながら仕事を進める人たち、厨房で鮮やかな盛り付けをする調理長、お客さま一人ひとりの名前をお呼びするホテルマン、工場で後輩指導に燃えている人、新しいことを取り入れるのに積極的な書店の店長など……。たくさんの人たちと出会うことで、そして新たな気付きを得ることで、何よりもありがたかったのは、私自身が様々な学びを得て成長できたことである。付加価値の提案と生産性の向上に大いに貢献するだけでなく、行動観察のプロセスを経ることが、自分や行動観察研究所のメンバーの成長につながっている。

あなたも、個人として、そして企業として、「見る」だけでなく「観察する」ことで様々な自分の気付きを得て、それを日常生活や仕事に取り入れてほしい。誰かから「こうしなさい」と言われるよりも、自らが観察して気付きを得たほうが、ずっと自分の学びになる。よく「学ぶとは真似ることである」というが、行動観察を使えばより効率的に真似ることができる。

中学・高校の通学路マナーの改善のプロジェクトでは、私たちの行動観察によってわかった課題について、あえて生徒たちには教えなかった。生徒自らが気付かなければ解決にはつながらないからである。

仕事でも勉強でもスポーツでも、他人から言われてするよりも、自分で気付いて行動に取り入れるほうが人間は成長する。行動観察によって様々な気付きを得て、それを真似ることで、個人の能力アップにぜひ活用してほしい。

おわりに

我々はゼンメルワイスになりたいし、ゼンメルワイスになりたくない

イグナーツ・ゼンメルワイスというハンガリー出身の医師をご存知だろうか。一九世紀、病原菌という概念さえない当時、ヨーロッパ中の産院で産褥熱《さんじよくねつ》（出産のときに生じた傷から菌に感染して起こる病気）で多くの人が亡くなっていた。ゼンメルワイスは、「医者が手を塩素水で消毒するだけで、死亡者を激減させられる」ことを発見した。そしてその単純な「医者が手を洗う」方法を取り入れたところ、死亡率を一八％から一％に下げることに成功した。これはまさに画期的な発見であり、イノベーションである。

しかし、その効果を証明する膨大なデータを一〇年にわたって集めたにもかかわらず、その方法は広まらなかった。その理由は大きく二つあると思われる。一つの理由は、「こ

れまで産褥熱で患者を死に追いやっていた原因は自分たちの手だった」という事実を医師たちが受け入れたくなかったことにある。つまり、データを重んじるはずの医師であっても、「自らに原因がある」ことを証明するデータは受け入れたくなかったのである。

もう一つの理由は、ゼンメルワイスの啓蒙方法にあった。明らかなデータがあるにもかかわらず医師たちがその方法を受け入れようとしなかったので、ゼンメルワイスの説明は攻撃的で脅しのようになり、ついには医師を殺人者呼ばわりしはじめたのである。

「医師の手を介して病気が移るのだから、手を洗うべきである」というソリューションと同様、行動観察で得られるソリューションも、それだけを聞けば「なんと当たり前な。簡単すぎる」と言われることも多い。しかし、コロンブスの卵のように、後から聞けば「当たり前」のように思われるような、「コストや手間のかからないソリューション」が本質的である場合が多い。

その観察力や洞察力をもとに、画期的なソリューションを導き出すという意味では、私たちはゼンメルワイスになりたい。しかし、そのソリューションを受け入れてもらって成果を出すという意味ではゼンメルワイスにはなりたくない。

どれだけ論理的に正しくて効果が期待できるソリューションであっても、フィールドで取り入れられなければなんの成果も出すことができない、ということは本文でも書いた。

行動観察の根本は「人を幸せにする」ことにある。そのため、ロジカルなソリューション案を提示するだけでなく、具体的に目に見える成果を出すことにこだわっていきたい。


本書は、多くの人の支えがあってはじめて実現した。ここに感謝の意を表したい。

まずは本書を企画していただいた講談社の田中浩史さん、鈴木宣幸さん。

そして、行動観察を教えていただいたコーネル大学の先生方。特に Alan Hedge 教授と Gary Evans 教授。そして、一緒に学んだ Shinobu Utamura、Hae-Jin Yoon、Chia-Chen Johnson Chao、Garrick Goh、Tom Lorusso。

行動観察の依頼をいただいているクライアントのみなさま。

行動観察のビジネス化を推進している株式会社エルネットの磯龍介事業部長、越野孝史部長、原田佳和部長、岩佐純部長補佐、芥子玲子マネジャー、石原妙子チーフをはじめとするみなさん。

行動観察研究所をバックアップしていただいている和歌山大学山岡俊樹教授、九州大学山口裕幸教授、日本大学羽生和紀教授。

行動観察を見出して助力いただいた当初の上司の松坂英孝部長（現・大阪ガス株式会社取締役常務執行役員）、出馬弘昭マネジャー（現・株式会社オージス総研 取締役常務執行役員）、最初に行動観察を積極的に取り入れていただいた中村哲マネジャー、高倉美香さん。そして当初から苦労をともにした谷川恵美さん。研究所の立ち上げに尽力していただいた住友宏取締役副社長（現・株式会社ＫＲＩ）、細川嘉則マネジャー。同僚だった河本薫マネジャーをはじめとする情報通信部の人々。そして阿部和良部長をはじめとする関連事業部のみなさん。

現在一緒に活動している行動観察研究所の金澤成子室長、鈴村一美さん、松本加奈子さん、保手浜勝さん、大西道隆さん、久保隅綾さん、小園真由さん。広報部の岡沢圭介さん、板越希さん。その他社内の人々。

最後に妻の由里子に感謝します。みなさん、いつもありがとうございます。

松波晴人

二〇一一年　夏

講談社現代新書　2125

ビジネスマンのための「行動観察《こうどうかんさつ》」入門《にゅうもん》

二〇一一年一〇月二〇日第一刷発行　二〇一八年四月一七日第八刷発行

著者　松波晴人《まつなみはるひと》

発行者　渡瀬昌彦
発行所　株式会社講談社
東京都文京区音羽二丁目一二―二一　郵便番号一一二―八〇〇一
電話　〇三―五三九五―三五二一　編集（現代新書）
〇三―五三九五―四四一五　販売
〇三―五三九五―三六一五　業務
装幀者　中島英樹
印刷所　大日本印刷株式会社
製本所　株式会社国宝社
定価はカバーに表示してあります　Printed in Japan

N.D.C.675　270p　18cm
ISBN978-4-06-288125-8

「講談社現代新書」の刊行にあたって

教養は万人が身をもって養い創造すべきものであって、一部の専門家の占有物として、ただ一方的に人々の手もとに配布され伝達されうるものではありません。

しかし、不幸にしてわが国の現状では、教養の重要な養いとなるべき書物は、ほとんど講壇からの天下りや単なる解説に終始し、知識技術を真剣に希求する青少年・学生・一般民衆の根本的な疑問や興味は、けっして十分に答えられ、解きほぐされ、手引きされることがありません。万人の内奥から発した真正の教養への芽ばえが、こうして放置され、むなしく滅びさる運命にゆだねられているのです。

このことは、中・高校だけで教育をおわる人々の成長をはばんでいるだけでなく、大学に進んだり、インテリと目されたりする人々の精神力の健康さえもむしばみ、わが国の文化の実質をまことに脆弱なものにしています。単なる博識以上の根強い思索力・判断力、および確かな技術にささえられた教養を必要とする日本の将来にとって、これは真剣に憂慮されなければならない事態であるといわなければなりません。

わたしたちの「講談社現代新書」は、この事態の克服を意図して計画されたものです。これによってわたしたちは、講壇からの天下りでもなく、単なる解説書でもない、もっぱら万人の魂に生ずる初発的かつ根本的な問題をとらえ、掘り起こし、手引きし、しかも最新の知識への展望を万人に確立させる書物を、新しく世の中に送り出したいと念願しています。

わたしたちは、創業以来民衆を対象とする啓蒙の仕事に専心してきた講談社にとって、これこそもっともふさわしい課題であり、伝統ある出版社としての義務でもあると考えているのです。

一九六四年四月　野間省一